大方廣佛華嚴經

일러두기

1. 『대방광불화엄경 강설』 원문原文의 저본底本은 근세에 교정이 가장 잘 되었다고 정평이 나 있는 대만臺灣의 불타교육기금회佛陀敎育基金會에서 출판한 『화엄경소초華嚴經疏鈔』본입니다.

2. 『대방광불화엄경 강설』은 실차난타實叉難陀가 695년부터 699년까지 4년에 걸쳐 번역해 낸 80권본卷本 『대방광불화엄경』을 우리말로 옮기고 강설을 붙인 것입니다.

3. 『대방광불화엄경』은 애초 산스크리트에서 한역漢譯된 경전이지만 현재 산스크리트본은 소실된 상태입니다. 산스크리트를 음차한 경우 굳이 원래 소리를 표기하려고 하기보다는 『표준국어대사전』이나 『불교사전』 등에 등재된 한자음을 사용하는 것을 원칙으로 하였습니다.

4. 경문의 한글 번역은 동국역경원본을 참고하여 그대로 또는 첨삭을 하며 의미대로 번역하고 다듬었습니다.

5. 각 품마다 내용에 따라 단락을 나누고 제목을 달았습니다. 단락의 제목은 주로 청량淸凉스님의 견해에 기초하였고 이통현李通玄장자의 견해를 참고로 하였습니다.

6. 『대방광불화엄경 강설』의 발행 순서는 한역 경전의 편재 순서를 기준으로 하였고 각 권은 단행본 한 권씩으로 출간될 예정이며 모두 80권으로 완간됩니다. 다만 80권본에 빠져 있는 「보현행원품」은 80권본 완역 및 강설 후 시리즈에 포함돼 추가될 예정입니다.

7. 『대방광불화엄경 강설』 안에서 불교용어를 풀이한 것은 운허스님이 저술하고 동국역경원에서 편찬한 『불교사전』을 인용하였습니다.

8. 각주의 청량스님의 소疏는 대만에서 입력한 大方廣佛華嚴經 사이트의 것을 사용하였습니다.

9. 『대방광불화엄경 강설』 입법계품에 들어가는 문수지남도는 북송北宋시대 불국佛國선사가 선재동자가 53명의 선지식을 친견하여 법을 구하는 장면을 하나하나 그림으로 그린 것입니다.

대방광불화엄경 강설
제 70 권

三十九. 입법계품入法界品 11

실차난타實叉難陀 한역
무비스님 강설

서문

이 뒤에도 차례차례로

다시 열 부처님이 출현하셨으니

처음 부처님은 법자재불法自在佛이고

둘째 부처님은 무애혜불無礙慧佛이며

셋째는 의해혜불意海慧佛이요

넷째는 중묘음불衆妙音佛이요

다섯째는 자재시불自在施佛이요

여섯째는 보현전불普現前佛이며

일곱째는 수락신불隨樂身佛이요

여덟째는 주승덕불住勝德佛이요

아홉째는 본성불本性佛이요

열째는 현덕불賢德佛이시니라.

수미산 미진수 겁 동안에

그 가운데 출현하신 여러 부처님이

널리 세간의 등불이 되시니

제가 모두 일찍이 공양하였습니다.

부처님 세계 미진수 겁에

그 가운데 출현하신 부처님들을

제가 다 일찍이 공양하고서

이제 이 해탈문에 들어갔습니다.

저는 한량없는 겁 동안

행을 닦아 이 도를 얻었습니다.

그대도 만약에 행을 닦으면

오래잖아 또한 마땅히 얻게 될 것입니다.

2017년 10월 1일

신라 화엄종찰 금정산 범어사

如天 無比

대방광불화엄경 목차

제1권	1. 세주묘엄품世主妙嚴品 [1]	제18권	18. 명법품明法品
제2권	1. 세주묘엄품世主妙嚴品 [2]	제19권	19. 승야마천궁품昇夜摩天宮品
제3권	1. 세주묘엄품世主妙嚴品 [3]		20. 야마천궁게찬품夜摩天宮偈讚品
제4권	1. 세주묘엄품世主妙嚴品 [4]		21. 십행품十行品 [1]
제5권	1. 세주묘엄품世主妙嚴品 [5]	제20권	21. 십행품十行品 [2]
제6권	2. 여래현상품如來現相品	제21권	22. 십무진장품十無盡藏品
제7권	3. 보현삼매품普賢三昧品	제22권	23. 승도솔천궁품昇兜率天宮品
	4. 세계성취품世界成就品	제23권	24. 도솔궁중게찬품兜率宮中偈讚品
제8권	5. 화장세계품華藏世界品 [1]		25. 십회향품十廻向品 [1]
제9권	5. 화장세계품華藏世界品 [2]	제24권	25. 십회향품十廻向品 [2]
제10권	5. 화장세계품華藏世界品 [3]	제25권	25. 십회향품十廻向品 [3]
제11권	6. 비로자나품毘盧遮那品	제26권	25. 십회향품十廻向品 [4]
제12권	7. 여래명호품如來名號品	제27권	25. 십회향품十廻向品 [5]
	8. 사성제품四聖諦品	제28권	25. 십회향품十廻向品 [6]
제13권	9. 광명각품光明覺品	제29권	25. 십회향품十廻向品 [7]
	10. 보살문명품菩薩問明品	제30권	25. 십회향품十廻向品 [8]
제14권	11. 정행품淨行品	제31권	25. 십회향품十廻向品 [9]
	12. 현수품賢首品 [1]	제32권	25. 십회향품十廻向品 [10]
제15권	12. 현수품賢首品 [2]	제33권	25. 십회향품十廻向品 [11]
제16권	13. 승수미산정품昇須彌山頂品	제34권	26. 십지품十地品 [1]
	14. 수미정상게찬품須彌頂上偈讚品	제35권	26. 십지품十地品 [2]
	15. 십주품十住品	제36권	26. 십지품十地品 [3]
제17권	16. 범행품梵行品	제37권	26. 십지품十地品 [4]
	17. 초발심공덕품初發心功德品	제38권	26. 십지품十地品 [5]

제39권	26. 십지품 十地品 [6]		제58권	38. 이세간품 離世間品 [6]
제40권	27. 십정품 十定品 [1]		제59권	38. 이세간품 離世間品 [7]
제41권	27. 십정품 十定品 [2]		제60권	39. 입법계품 入法界品 [1]
제42권	27. 십정품 十定品 [3]		제61권	39. 입법계품 入法界品 [2]
제43권	27. 십정품 十定品 [4]		제62권	39. 입법계품 入法界品 [3]
제44권	28. 십통품 十通品		제63권	39. 입법계품 入法界品 [4]
	29. 십인품 十忍品		제64권	39. 입법계품 入法界品 [5]
제45권	30. 아승지품 阿僧祇品		제65권	39. 입법계품 入法界品 [6]
	31. 여래수량품 如來壽量品		제66권	39. 입법계품 入法界品 [7]
	32. 보살주처품 菩薩住處品		제67권	39. 입법계품 入法界品 [8]
제46권	33. 불부사의법품 佛不思議法品 [1]		제68권	39. 입법계품 入法界品 [9]
제47권	33. 불부사의법품 佛不思議法品 [2]		제69권	39. 입법계품 入法界品 [10]
제48권	34. 여래십신상해품 如來十身相海品		**제70권**	**39. 입법계품 入法界品 [11]**
	35. 여래수호광명공덕품 如來隨好光明功德品		제71권	39. 입법계품 入法界品 [12]
제49권	36. 보현행품 普賢行品		제72권	39. 입법계품 入法界品 [13]
제50권	37. 여래출현품 如來出現品 [1]		제73권	39. 입법계품 入法界品 [14]
제51권	37. 여래출현품 如來出現品 [2]		제74권	39. 입법계품 入法界品 [15]
제52권	37. 여래출현품 如來出現品 [3]		제75권	39. 입법계품 入法界品 [16]
제53권	38. 이세간품 離世間品 [1]		제76권	39. 입법계품 入法界品 [17]
제54권	38. 이세간품 離世間品 [2]		제77권	39. 입법계품 入法界品 [18]
제55권	38. 이세간품 離世間品 [3]		제78권	39. 입법계품 入法界品 [19]
제56권	38. 이세간품 離世間品 [4]		제79권	39. 입법계품 入法界品 [20]
제57권	38. 이세간품 離世間品 [5]		제80권	39. 입법계품 入法界品 [21]
			제81권	40. 보현행원품 普賢行願品

대방광불화엄경 강설 제70권

三十九. 입법계품入法界品 11

【 지말법회의 53선지식 】

【 십지위 선지식 】

35. 보구중생묘덕주야신 ·····································13
  1) 보구중생묘덕주야신을 뵙고 법을 묻다 ························13
    (1) 가르침에 의지하여 선지식을 찾다 ··················13
    (2) 법을 듣고 여러 가지 현상을 보다 ··················15
      1〉 광명을 나타내어 가피하다 ··················15
      2〉 광명을 입고 이익을 얻다 ··················17
      3〉 중생들을 구호하는 까닭을 밝히다 ··················27
    (3) 선재동자가 게송으로 찬탄하다 ··················30
      1〉 선재동자가 기뻐하다 ··················30
      2〉 주야신의 끝없는 덕용 ··················32
      3〉 이익 얻음을 찬탄하다 ··················39

(4) 선재동자가 법을 묻다 …………………………… 45
2) 보구중생묘덕주야신이 법을 설하다 …………………………… 46
  (1) 헤아리기 어려운 경계 …………………………… 46
  (2) 보구중생묘덕주야신의 초발심 …………………………… 50
    1〉 보구중생묘덕주야신이 태어난 과거세계 …………… 50
    2〉 보구중생묘덕주야신의 과거의 부모 …………… 58
    3〉 부처님이 출현하여 중생들을 제도하다 …………… 64
      〈1〉 도를 얻은 곳 …………………………… 64
      〈2〉 부처님의 출현을 밝히다 …………………………… 67
    4〉 보살 대중을 밝히다 …………………………… 76
    5〉 여래가 정각을 이루고 법륜을 굴리다 …………… 80
    6〉 보현보살이 인도하다 …………………………… 87
    7〉 전륜왕이 찬탄하다 …………………………… 92
    8〉 부처님께 공양하고 예배하다 …………………………… 98
    9〉 전륜성왕의 딸이 인행을 닦다 …………… 100
    10〉 여래의 경전 설하심을 듣고 큰 이익을 얻다 ……… 108
      〈1〉 삼매의 이익 …………………………… 108
      〈2〉 큰 마음의 이익 …………………………… 112
      〈3〉 큰 서원의 이익 …………………………… 115
    11〉 발심의 시초를 말하다 …………………………… 119
    12〉 고금의 일을 모아서 해석하다 …………………………… 122

13〉 부처님 회상에서 수행하다 ·················125
　〈1〉 여러 부처님을 섬기며 수행한 일 ·········125
　〈2〉 최후의 부처님을 섬기며 수행한 일 ········134
3) 보구중생묘덕주야신이 게송으로 거듭 설하다 ··········139
　(1) 법을 들어 듣기를 권하다 ··················139
　(2) 십지와 등각을 표한 110부처님의 출현 ···········141
　　1〉 초지의 열 부처님 ·····················141
　　2〉 제2지의 열 부처님 ····················143
　　3〉 제3지의 열 부처님 ····················145
　　4〉 제4지의 열 부처님 ····················147
　　5〉 제5지의 열 부처님 ····················148
　　6〉 제6지의 열 부처님 ····················150
　　7〉 제7지의 열 부처님 ····················152
　　8〉 제8지의 열 부처님 ····················153
　　9〉 제9지의 열 부처님 ····················155
　　10〉 제10지의 열 부처님 ···················156
　　11〉 등각의 열 부처님 ····················158
　(3) 원인을 들어서 닦기를 권하다 ···············161
4) 자기는 겸손하고 다른 이의 수승함을 추천하다 ········161
5) 다음 선지식 찾기를 권유하다 ················163

대방광불화엄경 강설

제70권

三十九. 입법계품 11

문수지남도 제35, 선재동자가 보구중생묘덕주야신을 친견하다.

35. 보구중생묘덕주야신
普救衆生妙德主夜神
제4 염혜지焰慧地 선지식

1) 보구중생묘덕주야신을 뵙고 법을 묻다

(1) 가르침에 의지하여 선지식을 찾다

爾時에 善財童子가 於喜目觀察衆生夜神所에
이시   선재동자   어희목관찰중생야신소

聞普喜幢解脫門하고 信解趣入하며 了知隨順하며
문보희당해탈문   신해취입   요지수순

思惟修習하야 念善知識의 所有教誨하야 心無暫捨
사유수습   염선지식   소유교회   심무잠사

하야 諸根不散하며
      제근불산

그때에 선재동자는 희목관찰중생주야신에게서 널리

기쁜 당기의 해탈문을 듣고는 믿고 이해하고 들어가며, 잘 알아 수순하며, 생각하고 익히면서, 선지식의 가르침을 생각하여 마음에 잠깐도 떠나지 않고, 모든 감관이 산란하지 않았습니다.

一心願得見善知識하야 普於十方에 勤求匪懈하며 願常親近하야 生諸功德하며 與善知識으로 同一善根하며 得善知識의 巧方便行하며 依善知識하야 入精進海하며 於無量劫에 常不遠離하야지이다하니라

일심으로 선지식을 친견하기를 원하여 널리 시방으로 부지런히 구하여 게으르지 아니하면서 발원하기를, '항상 가까이 모시어 모든 공덕을 내며, 선지식과 더불어 착한 뿌리가 같으며, 선지식의 교묘한 방편의 행을 얻으며, 선지식을 의지하여 정진 바다에 들어가서 한량없는 겁에 항상 떠나지 말아지이다.'라고 하였습니다.

비록 경가經家의 설명이지만 수행자가 선지식으로부터 법문을 듣고 나서 반드시 취해야 할 자세를 잘 나타내었다. "법문을 듣고 나서는 믿어야 하고, 믿고는 이해하고, 이해하고는 그 내용 속으로 들어가며, 잘 깨달아 알고 수순하며, 깊이 생각하고 반복하여 익히면서, 선지식의 가르침을 생각하여 마음에 잠깐도 떠나지 않는다."는 것이다.

또 발원하기를 '선지식을 항상 가까이 모시어 모든 공덕을 내며, 선지식과 더불어 착한 뿌리가 같으며, 선지식의 교묘한 방편의 행을 얻으며, 선지식을 의지하여 정진하여지이다.'라는 것이다.

(2) 법을 듣고 여러 가지 현상을 보다

1〉 광명을 나타내어 가피하다

作^작是^시願^원已^이하고 往^왕詣^예普^보救^구衆^중生^생妙^묘德^덕夜^야神^신所^소하니

時^시彼^피夜^야神^신이 爲^위善^선財^재童^동子^자하사 示^시現^현菩^보薩^살調^조伏^복衆^중生^생

해탈신력
解脫神力하사대

이러한 원을 세우고 보구중생묘덕주야신이 있는 데 나아가니 그때 그 주야신이 선재동자를 위하여 보살이 중생을 조복하는 해탈의 신통한 힘을 나타내 보였습니다.

이제상호 장엄기신 어양미간 방대광
以諸相好로 **莊嚴其身**하며 **於兩眉間**에 **放大光**

명 명지등보조청정당 무량광명 이
明하시니 **名智燈普照淸淨幢**이라 **無量光明**으로 **以**

위권속 기광 보조일체세간 조세간이
爲眷屬하야 **其光**이 **普照一切世間**하고 **照世間已**에

입선재정 충만기신
入善財頂하야 **充滿其身**하니라

여러 가지 거룩한 몸매로 그 몸을 장엄하며, 양미간으로 큰 광명을 놓으니 이름이 '지혜 등불 두루 비추는 청정한 당기幢旗'입니다. 한량없는 광명으로 권속을 삼았으며, 그 광명이 모든 세간을 널리 비추고, 세간을 비추

고 나서 선재동자의 정수리로 들어가서 온몸에 가득하였습니다.

보구중생묘덕주야신 선지식이 선재동자를 위하여 보살이 중생을 조복하는 해탈의 신통한 힘을 나타내 보이고, 다시 아름답게 장엄한 몸의 양미간으로부터 광명을 놓아 이익을 주는 내용을 밝혔다. 그 광명이 일체 세간을 널리 비추고 나서 선재동자의 정수리로 들어가서 온몸에 가득하였다는 것은 이 주야신 선지식이 수행하여 얻은 지혜 광명을 선재동자에게 모두 전수해 주었다는 뜻이다. 경문經文이지만 법을 전해 주고 전해 받는 형식이 이와 같이 분명하다.

2〉 광명을 입고 이익을 얻다

善財가 爾時에 卽得究竟淸淨輪三昧하고 得此
선재   이시   즉득구경청정륜삼매   득차

三昧已에 悉見二神兩處中間에 所有一切地塵水
삼매이   실견이신양처중간   소유일체지진수

진급이화진 금강마니중보미진 화향영락
塵과 及以火塵과 金剛摩尼衆寶微塵과 華香瓔珞

제장엄구 여시일체소유미진
諸莊嚴具의 如是一切所有微塵하며

    선재동자는 그때에 곧바로 끝까지 청정한 바퀴의 삼매를 얻었으며, 이 삼매를 얻고는 두 주야신의 중간에 있는 모든 지대地大의 티끌과 수대水大의 티끌과 화대火大의 티끌과 금강 마니의 여러 보배 티끌과 꽃과 향과 영락과 여러 장엄거리에 있는 이와 같은 일체 티끌들을 다 보았습니다.

    선재동자가 주야신 선지식의 광명을 받고 희목관찰중생주야신과 보구중생묘덕주야신 사이에 있는 땅과 물과 불의 요소와 그 외 온갖 장엄거리의 요소 등 존재하는 모든 요소들을 다 보았다. 아래에도 이와 같이 낱낱 작은 먼지 속에서 무수한 세계가 성주괴공成住壞空하는 현상을 다 보게 됨을 밝힌다.

일일진중　각견불찰미진수세계성괴　　급
一一塵中에 **各見佛刹微塵數世界成壞**하며 **及**

견일체지수화풍　　제대적취
見一切地水火風의 **諸大積聚**하며

낱낱 티끌 속에서 각각 부처님 세계의 티끌 수 세계가 이루어지고 파괴됨을 보고, 일체 지대와 수대와 화대와 풍대가 모두 크게 뭉쳐짐을 보았습니다.

역견일체세계접연　　개이지륜　　임지이주
亦見一切世界接連이 **皆以地輪**으로 **任持而住**

종종산해　　종종하지　　종종수림　　종종궁전
한 **種種山海**와 **種種河池**와 **種種樹林**과 **種種宮殿**
하니

또 일체 세계가 한 데 연접하였는데 모두 땅의 둘레[地輪]로 맡아서 유지하여 머무르며, 머무는 가지가지 산과 바다와 가지가지 강과 못과 가지가지 나무와 숲과 가지가지 궁전을 보았습니다.

이 모든 현상이 낱낱이 작은 먼지 속에서 일어나는 일들이다. 단순하게 "하나의 먼지 속에 시방 세계가 있다[一微塵中含十方]."는 정도가 아니라 한 먼지 속에서 일어나고 있는 일들을 세세하게 보았다.

所謂天宮殿과 龍宮殿과 夜叉宮殿과 乃至摩睺羅伽人非人等宮殿屋宅과 地獄畜生閻羅王界一切住處와 諸趣輪轉生死往來와 隨業受報의 各各差別을 靡不悉見하며

이른바 하늘의 궁전과 용의 궁전과 야차의 궁전과 마후라가의 궁전과 사람과 사람 아닌 이의 궁전과 집들이었습니다. 그리고 지옥과 축생과 염라왕 세계 따위의 온갖 곳과 여러 길로 바퀴 돌 듯이 나고 죽고 가고 오고 하면서 업을 따라 과보를 받는 것이 제각기 차별한 것을 모두 보았습니다.

온갖 궁전과 집들뿐만 아니라 지옥과 축생과 염라왕 세계에서 윤회하면서 나고 죽고 가고 오고 하여 업을 따라 과보를 받는 것이 제각기 차별한 것까지 모두 보았다. 선재동자가 받은 광명의 법은 이와 같았다.

又見一切世界差別하니 所謂或有世界雜穢하며 或有世界淸淨하며 或有世界趣雜穢하며 或有世界趣淸淨하며 或有世界雜穢淸淨하며 或有世界淸淨雜穢하며 或有世界一向淸淨하며 或有世界其形平正하며 或有覆住하며 或有側住라

또한 모든 세계가 차별함을 보니, 이른바 혹 어떤 세계는 뒤섞이고 더러우며, 혹 어떤 세계는 청정하며, 혹 어떤 세계는 뒤섞이고 더러운 데로 나아가며, 혹 어떤 세계는 청정한 데로 나아가며, 혹 어떤 세계는 더러우

면서 청정하며, 혹 어떤 세계는 청정하면서 더러우며, 혹 어떤 세계는 청정하기만 하며, 혹 어떤 세계는 모양이 반듯하며, 혹 어떤 세계는 엎어져 있으며, 혹 어떤 세계는 기울어져 있었습니다.

如是等一切世界一切趣中_에 悉見此普救衆生夜神_이 於一切時一切處_에 隨諸衆生_의 形貌言辭行解差別_{하사} 以方便力_{으로} 普現其前_{하야} 隨宜化度_{하사대}

여시등일체세계일체취중 실견차보구중생야신 어일체시일체처 수제중생 형모언사행해차별 이방편력 보현기전 수의화도

이와 같은 여러 세계의 여러 길에서 이 보구중생묘덕주야신을 보니, 일체 시간과 일체 처소에서 모든 중생의 형상과 말과 행동과 이해의 차별을 따라서 방편의 힘으로 그들의 앞에 널리 나타나서 편의를 따라서 알맞게 교화하였습니다.

선재동자가 광명의 힘으로 온갖 세계를 보았으며, 그 온갖 세계의 갖가지 길에서 보구중생묘덕주야신이 중생들을 차별을 따라서 교화하는 것을 보게 된 것을 밝혔다.

令地獄衆生으로 免諸苦毒하며 令畜生衆生으로 不相食噉하며 令餓鬼衆生으로 無有饑渴하며 令諸龍等으로 離一切怖하며 令欲界衆生으로 離欲界苦하며

지옥의 중생들은 모든 고통에서 벗어나게 하고, 축생의 중생들은 서로 잡아먹지 않게 하고, 아귀의 중생들은 기갈이 없어지게 하고, 모든 용들은 일체의 공포를 여의게 하고, 욕심세계의 중생들은 욕심세계의 고통을 여의게 하였습니다.

흔히 불교의 목적을 고통을 떠나 즐거움을 얻게 하는 이

고득락離苦得樂이라고 한다. 보구중생묘덕주야신 선지식도 지옥의 고통과 축생의 고통과 아귀의 고통과 용들의 고통과 욕심세계 중생들의 고통을 모두 떠나게 하였다. 고통이 심하면 수행이나 선행이나 공부나 보살행 등을 일체 할 수 없게 된다. 고통에 시달리느라고 그와 같은 일에 마음을 쓸 겨를이 없다. 고통이 심한 사람은 무엇보다 고통을 없애는 것이 급한 일이다.

令人趣衆生으로 離暗夜怖와 毁呰怖와 惡名怖와 大衆怖와 不活怖와 死怖와 惡道怖와 斷善根怖와 退菩提心怖와 遇惡知識怖와 離善知識怖와 墮二乘地怖와

사람 중생들에게는 캄캄한 밤중의 공포와, 훼방하는 공포와, 나쁜 소문 나는 공포와, 대중의 공포와, 살아갈

수 없는 공포와, 죽는 공포와, 나쁜 길에 태어날 공포와, 착한 뿌리가 끊어질 공포와, 보리심에서 물러날 공포와, 나쁜 동무를 만나게 되는 공포와, 선지식을 떠나게 되는 공포와, 이승二乘의 지위에 떨어질 공포와,

種^종種^종生^생死^사怖^포와 異^이類^류衆^중生^생同^동住^주怖^포와 惡^악時^시受^수生^생怖^포와 惡^악種^종族^족中^중受^수生^생怖^포와 造^조惡^악業^업怖^포와 業^업煩^번惱^뇌障^장怖^포와 執^집着^착諸^제想^상繫^계縛^박怖^포하야 如^여是^시等^등怖^포를 悉^실令^령捨^사離^리하며

여러 가지로 생사하는 공포와, 다른 종류 중생들과 함께 있게 되는 공포와, 나쁜 시기에 태어나는 공포와, 나쁜 종족에 태어나는 공포와, 나쁜 업을 짓게 되는 공포와, 업과 번뇌에 장애되는 공포와, 여러 생각에 집착하여 속박되는 공포 등 이와 같은 공포를 모두 여의게 하였습니다.

중생들이 겪는 수많은 종류의 고통 중에 두려움이라는

것도 참기 어려운 고통이다. 그 고통 역시 아무런 선행이나 공부나 수행이나 보살행 등을 할 수 없게 한다. 이 단락에서는 여러 가지 공포에 대해 낱낱이 들었다. 보구중생묘덕주야신 선지식은 역시 중생들에게 공포라는 고통을 모두 떠나게 하였다. 실로 중생들의 고통을 널리 다 구원하는 아름다운 덕을 갖추신 주야신이다.

선재동자가 보구중생묘덕주야신 선지식의 광명을 입고 나서 선지식이 세상을 구제하는 온갖 광경을 보게 되는 이익을 얻었다.

又見一切衆生의 卵生胎生濕生化生과 有色無色과 有想無想과 非有想非無想에 普現其前하야 常勤救護하니라

또한 중생으로서 난생卵生과, 태생胎生과, 습생濕生과, 화생化生과, 형상 있는 것과, 형상 없는 것과, 생각 있는

것과, 생각 없는 것과, 생각이 있지도 않고 생각이 없지도 않은 것들에게 그 앞에 널리 나타나서 항상 부지런히 구호하는 것을 보았습니다.

또 선재동자는 보구중생묘덕주야신 선지식이 아홉 종류의 중생[九類衆生]에게 널리 나타나서 그들을 항상 구호하는 것을 보았다.

3) 중생들을 구호하는 까닭을 밝히다

위 성 취 보 살 대 원 력 고 　　심 입 보 살 삼 매 력 고
爲成就菩薩大願力故며 **深入菩薩三昧力故**며

견 고 보 살 신 통 력 고 　　출 생 보 현 행 원 력 고 　　증 광
堅固菩薩神通力故며 **出生普賢行願力故**며 **增廣**

보 살 대 비 해 고
菩薩大悲海故며

보살의 큰 서원하는 힘[大願力]을 성취하려는 연고며, 보살의 삼매의 힘에 깊이 들어가려는 연고며, 보살의 신통한 힘을 굳게 하려는 연고며, 보현의 행과 원의 힘

을 내려는 연고며, 보살의 크게 가엾이 여기는 바다를 더 넓게 하려는 연고며,

得_득普_보覆_부衆_중生_생無_무礙_애大_대慈_자故_고며 得_득普_보與_여衆_중生_생無_무量_량喜_희樂_락故_고며 得_득普_보攝_섭一_일切_체衆_중生_생智_지慧_혜方_방便_편故_고며 得_득菩_보薩_살廣_광大_대解_해脫_탈自_자在_재神_신通_통故_고며 嚴_엄淨_정一_일切_체佛_불刹_찰故_고며

중생을 두루 덮어 주는 걸림 없이 크게 인자함을 얻으려는 연고며, 중생들에게 한량없는 낙을 주려는 연고며, 모든 중생을 널리 거두어 주는 지혜와 방편을 얻으려는 연고며, 보살의 광대한 해탈과 자유자재한 신통을 얻으려는 연고며, 모든 부처님의 세계를 깨끗이 장엄하려는 연고며,

覺_각了_료一_일切_체諸_제法_법故_고며 供_공養_양一_일切_체諸_제佛_불故_고며 受_수持_지

一切佛教故며 積集一切善根하야 修一切妙行故하며 入一切衆生心海하야 而無障礙故며

일체 모든 법을 분명하게 깨달아 알려는 연고며, 일체 모든 부처님께 공양하려는 연고며, 모든 부처님의 가르침을 받아 지니려는 연고며, 모든 착한 뿌리를 모아서 모든 묘한 행을 닦으려는 연고며, 모든 중생의 마음 바다에 들어가서 장애가 없게 하려는 연고며,

知一切衆生諸根하야 敎化成熟故며 淨一切衆生信解하야 除其惡障故며 破一切衆生의 無知黑暗故며 令得一切智淸淨光明故라

일체 중생의 모든 근성을 알고 교화하여 성숙하게 하려는 연고며, 모든 중생의 믿고 이해함을 깨끗이 하여 나쁜 장애를 없애려는 연고며, 모든 중생의 무지한

어둠을 깨뜨리려는 연고며, 온갖 지혜의 청정한 광명을 얻게 하려는 연고였습니다.

보구중생묘덕주야신 선지식이 중생들을 구호하는 까닭을 열아홉 가지를 들어 밝혔다. 이와 같은 사실을 다 알게 된 선재동자는 선지식의 법의 힘과 원력에 감동하여 기쁨을 나타내며 게송으로 길게 찬탄하게 된다.

(3) 선재동자가 게송으로 찬탄하다
1) 선재동자가 기뻐하다

時에 善財童子가 見此夜神의 如是神力不可思議甚深境界인 普現調伏一切衆生菩薩解脫已하고 歡喜無量하야 頭面作禮하야 一心瞻仰이러니

이때에 선재동자는 이 주야신의 이와 같은 신통의 힘과 불가사의한 깊고 깊은 경지인 모든 중생을 조복

하는 보살의 해탈을 널리 나타냄을 보고, 한량없이 기
뻐서 엎드려 예배하고 한결같은 마음으로 우러러보았
습니다.

時彼夜神이 卽捨菩薩莊嚴之相하고 還復本形

호대 而不捨其自在神力이어시늘 爾時에 善財童子가

恭敬合掌하고 却住一面하야 以偈讚曰

그때 그 주야신이 곧바로 보살의 장엄한 모습을 버
리고 본래의 형상을 회복하면서도 그 자유자재한 신
통의 힘은 버리지 아니하였습니다. 이때에 선재동자
가 공경하여 합장하고 한 곁에 물러나서 게송으로 찬
탄하였습니다.

보구중생묘덕주야신 선지식이 선재동자를 위하여 보살
이 중생을 조복하는 해탈의 신통한 힘을 나타내 보이고, 다시 아름답게 장엄한 몸의 양미간으로부터 광명을 놓아 이익을 주는 모습을 보이다가 다시 주야신 본래의 모습을 회복하였다. 그 광경에 선재동자는 또 감동하여 게송으로 찬탄하였다.

2) 주야신의 끝없는 덕용德用

아 선 재 득 견
我善財得見

여 시 대 신 력
如是大神力하고

기 심 생 환 희
其心生歡喜하야

설 게 이 찬 탄
說偈而讚歎하노이다

이와 같은 큰 신통한 힘을

저 선재가 뵈옵고

그 마음 환희하여

게송을 설하여 찬탄합니다.

아 견 존 묘 신
我見尊妙身이

중 상 이 장 엄
衆相以莊嚴하니

비여공중성
譬如空中星하야

일체실엄정
一切悉嚴淨이로다

제가 선지식의 높고 미묘한 몸이
여러 가지 장엄함을 친견하오니
비유컨대 허공에서 여러 별들이
아름답게 장엄함과 흡사합니다.

소방수승광
所放殊勝光이

무량찰진수
無量刹塵數라

종종미묘색
種種微妙色으로

보조어시방
普照於十方이로다

선지식이 놓으시는 훌륭한 광명이
한량없는 세계의 티끌 수 같고
가지가지 아름다운 여러 빛으로
시방의 많은 세계 널리 비추십니다.

　밤을 맡은 신인 주야신을 찬탄하는 내용으로서 밤의 아름다운 모습을 비유로 들어 찬탄한다. "허공에서 여러 별들이 아름답게 장엄함과 흡사합니다." "가지가지 아름다운 여러 빛으로 시방의 많은 세계 널리 비추십니다."

일일모공방	중생심수광
一一毛孔放	**衆生心數光**이어든
일일광명단	개출보연화
一一光明端에	**皆出寶蓮華**하고

낱낱 모공마다

중생 마음의 수효와 같은 광명을 놓고

낱낱 광명 끝마다

보배로운 연꽃 다 나오고

화중출화신	능멸중생고
華中出化身하야	**能滅衆生苦**로다
광중출묘향	보훈어중생
光中出妙香하야	**普熏於衆生**하고

연꽃에서 화신을 나타내어

중생의 고통을 소멸하고

광명에서는 아름다운 향기를 내어

여러 중생에게 널리 풍기며

부 우 종 종 화　　　　　공 양 일 체 불
復雨種種華하야　　　**供養一切佛**이로다

다시 또 갖가지 꽃을 비처럼 내려

모든 부처님께 공양합니다.

모공에서 무수한 광명을 놓고, 그 광명마다에서는 또 연꽃을 내고, 연꽃에서는 변화의 몸을 나타내어 중생들의 고통을 다 소멸한다. 화엄경이라는 진리의 가르침의 크나큰 영향력은 이와 같다.

양 미 방 묘 광　　　　　양 여 수 미 등
兩眉放妙光하니　　　**量與須彌等**이라

보 촉 제 함 식　　　　　영 멸 우 치 암
普觸諸含識하야　　　**令滅愚癡暗**이로다

눈썹 사이에서 미묘한 광명 놓으니
그 양이 수미산처럼 많고
여러 중생에게 널리 닿으니
캄캄한 어리석음 소멸하게 합니다.

또 양미간에서 수미산과 같은 광명을 놓아 널리 중생들에게 닿게 하니 중생들의 어리석음이 모두 소멸하게 된다. 이 또한 화엄경이라는 진리의 가르침으로 중생들의 어리석음을 제거하게 되는 큰 공덕이다.

구 방 청 정 광
口放淸淨光하니

비 여 무 량 일
譬如無量日하야

보 조 어 광 대
普照於廣大

비 로 자 나 경
毘盧舍那境이로다

입으로 청정한 광명을 놓으니
비유하면 한량없는 태양과도 같아서
광대한 비로자나의 경계를
널리 두루 비추십니다.

안방청정광　　　　　비여무량월
眼放清淨光하니　　**譬如無量月**이라

보조시방찰　　　　　실멸세치예
普照十方刹하야　　**悉滅世癡翳**로다

눈에서 청정한 광명을 놓으니

비유컨대 한량없는 달과도 같아

시방세계를 널리 비추어

세상의 어리석음을 모두 소멸합니다.

보구중생묘덕주야신이 모공에서 광명을 놓고 다시 양미간에서 광명을 놓는 것과 같이 입에서도 놓고 눈에서도 광명 놓음을 찬탄하였다. 육근에서 낱낱이 광명을 놓는다는 것은 무슨 뜻일까. 불교적 삶이란 한순간도 지혜를 떠나서는 생각할 수 없기 때문이다.

현화종종신　　　　　상상등중생
現化種種身하니　　**相狀等衆生**이라

충만시방계　　　　　도탈삼유해
充滿十方界하야　　**度脫三有海**로다

갖가지 몸을 나타내니
그 모양 중생과 같아
시방세계에 가득하여
세 세계의 중생을 제도합니다.

묘 신 변 시 방
妙身徧十方하사

보 현 중 생 전
普現衆生前하야

멸 제 수 화 적
滅除水火賊과

왕 등 일 체 포
王等一切怖로다

미묘한 몸은 시방에 두루 하여
중생들 앞에 널리 나타나
물과 불과 도둑 따위와
국왕들의 온갖 두려움을 소멸합니다.

　보구중생묘덕주야신이 갖가지 몸을 나타내어 시방세계에 가득하여 중생들을 제도하는데, 수재나 풍재나 화재나 남북관계와 같은 정치적 상황에서 만나게 되는 온갖 고통까지도 다 소멸하게 한다. 모든 보살들이 얼마나 마음 아파하면서 바라는 일들인가.

3) 이익 얻음을 찬탄하다

아 승 희 목 교
我承喜目教하야

금 득 예 존 소
今得詣尊所하야

견 존 미 간 상
見尊眉間相에

방 대 청 정 광
放大淸淨光하사

저는 희목주야신의 가르침을 받고
지금 선지식이 계신 데 나와서
선지식께서 양미간으로
크고 청정한 광명 놓음을 봅니다.

    선재동자가 앞의 선지식인 희목관찰중생주야신의 가르침을 따라 다시 보구중생묘덕주야신 선지식을 친견하고 광명을 놓아 자신의 몸으로 들여보낸 내용을 다시 이야기 한다. 즉 법을 전해 받은 경우와 같은 내용이기 때문에 산문에서도 게송에서도 거듭 설하였다.

보 조 시 방 해	실 멸 일 체 암
普照十方海_{하야}	**悉滅一切暗**_{하고}

보 조 시 방 해　　　　　실 멸 일 체 암
普照十方海하야　　　悉滅一切暗하고

현 현 신 통 력　　　　　이 래 입 아 신
顯現神通力하사　　　而來入我身이로다

시방을 두루 비추어

모든 어둠을 다 소멸하시며

신통한 힘을 나타내어

저의 몸에 들여보냈습니다.

아 우 원 만 광　　　　　심 생 대 환 희
我遇圓滿光하야　　　心生大歡喜하고

득 총 지 삼 매　　　　　보 견 시 방 불
得總持三昧하야　　　普見十方佛호이다

저는 원만한 광명을 만나고

마음에 크게 환희하며

다라니와 삼매를 얻고

시방의 부처님을 두루 친견합니다.

선재동자는 선지식의 광명을 받음으로써 다라니를 얻고,

삼매를 얻고, 시방의 부처님을 두루 친견하게 되었다.

아어소경처
我於所經處에

실견제미진
悉見諸微塵하고

일일미진중
一一微塵中에

각견진수찰
各見塵數刹하니

제가 지나는 곳마다

모든 미진을 다 보니

낱낱 미진 속마다

각각 미진수 같은 세계를 보게 되는데

혹유무량찰
或有無量刹은

일체함탁예
一切咸濁穢하야

중생수제고
衆生受諸苦하야

상비탄호읍
常悲歎號泣하며

혹 어떤 한량없는 세계는

모두 흐리고 더러워

중생들은 온갖 고통을 받느라고

항상 슬퍼 탄식하고 울부짖으며

혹유염정찰 **或有染淨刹**은	소락다우고 **少樂多憂苦**어든
시현삼승상 **示現三乘像**하야	왕피이구도 **往彼而救度**하며

혹 어떤 더럽고도 깨끗한 세계는

낙樂은 적고 근심과 고통이 많아

삼승三乘의 형상을 나타내 보이고

그곳에 가서 구제합니다.

  선재동자가 광명을 받음으로써 지나가는 세계들의 온갖 광경을 다 보게 되고, 중생들이 갖가지 고통 받는 것을 다 보게 된다. 고통 받는 중생들에게 고통을 먼저 소멸하게 하는 데 성문의 형상이든 독각의 형상이든 보살의 형상이든 모두 나타내 보이는 선지식의 구제 활동을 다 보았다.

혹유정염찰　　　　중생소락견
或有淨染刹은　　**衆生所樂見**이라

보살상충만　　　　주지제불법
菩薩常充滿하야　　**住持諸佛法**하며

혹 어떤 깨끗하고 더러운 세계에서는

중생들이 즐거워하는데

보살이 항상 가득해

모든 부처님 법을 맡아 지니며

일일미진중　　　　무량정찰해
一一微塵中에　　**無量淨刹海**는

비로자나불　　　　왕겁소엄정
毘盧遮那佛의　　**往劫所嚴淨**이니

하나하나 티끌 가운데

한량없는 깨끗한 세계 바다가 있으니

비로자나 부처님께서

지난 세월에 장엄하신 곳이라

불어일체찰	실좌보리수
佛於一切刹에	**悉坐菩提樹**하사
성도전법륜	도탈제군생
成道轉法輪하사	**度脫諸群生**하나니

부처님이 그 많은 세계에서

낱낱이 보리수 아래에 다 앉아서

성도하시고 법륜을 굴려

모든 중생을 제도하십니다.

아견보구천	어피무량찰
我見普救天이	**於彼無量刹**
일체제불소	보개왕공양
一切諸佛所에	**普皆往供養**하노이다

제가 보니 중생을 널리 구호하는 천신이

저 한량없는 세계에서

일체 모든 부처님 계신 곳마다

널리 나아가 공양하십니다.

선재동자가 선지식의 광명을 받고 선지식이 여러 중생을

교화하는 일을 다 보았으며, 한량없는 세계에서 모든 부처님께 공양하는 것까지 보았음을 게송으로 찬탄하였다.

(4) 선재동자가 법을 묻다

爾時_에 善財童子_가 說此頌已_{하고} 白普救衆生
妙德夜神言_{호대} 天神_{이여} 今此解脫_이 甚深希有_{하니}
其名何等_{이며} 得此解脫_이 其已久如_며 修何等行_{하야}
而得淸淨_{이니잇고}

그때에 선재동자가 이 게송을 설하고 나서 보구중생묘덕주야신에게 말하였습니다. "천신이시여, 지금 이 해탈은 매우 깊고 희유합니다. 그 이름은 무엇이라 하오며, 이 해탈을 얻은 지는 얼마나 오래되었으며, 어떠한 행을 닦아서 청정하게 되었습니까?"

선재동자가 선지식으로부터 광명을 받아 여러 가지 희유

한 일을 보고는 이 해탈의 이름과 해탈을 얻은 지 얼마나 오래되었으며, 어떤 수행으로 얻게 되었는가를 비로소 묻게 되었다.

2) 보구중생묘덕주야신이 법을 설하다

(1) 헤아리기 어려운 경계

夜神이 言하사대 善男子야 是處難知라 諸天及人과
一切二乘의 所不能測이니

주야신이 대답하였습니다. "선남자여, 이것은 알기 어려우니 모든 천신이나 인간이나 일체 이승二乘들이 측량할 수 없습니다."

드디어 보구중생묘덕주야신 선지식이 선재동자의 질문에 의해서 법을 설한다. 자신이 얻은 해탈은 알기 어렵다. 천신이나 사람이나 성문이나 독각들로서는 전혀 측량할 수 없는 경지이다. 오직 대승보살만이 알 수 있는 경지라는 뜻을 설하게 된다. 그 까닭을 낱낱이 열거한다.

何以故ᆞ 此是住普賢菩薩行者境界故ᆞ 住大
悲藏者境界故ᆞ 救護一切衆生者境界故ᆞ 能淨
一切三惡八難者境界故ᆞ

"왜냐하면 이것은 보현보살의 행에 머무른 이의 경계인 연고며, 크게 자비한 창고에 머무른 이의 경계인 연고며, 모든 중생을 구호하는 이의 경계인 연고며, 모든 세 가지 나쁜 길과 여덟 가지 어려운 데를 깨끗이 하는 이의 경계인 연고며,

보현보살의 행에 머무는 경계이기 때문이다. 보현보살은 여래의 장자다. 일체 보살들의 상수다. 여래를 대신하여 세상에 출현하는 초대승보살이다. 어찌 아무나 알겠는가. 또

크게 자비한 창고에 머무른 이의 경계며, 모든 중생을 구호하는 이의 경계며, 모든 세 가지 나쁜 길과 여덟 가지 어려운 데를 깨끗이 하는 이의 경계인 연고다.

세 가지 나쁜 길이란 삼악도三惡道다. 지옥과 아귀와 축생의 길이다. 여덟 가지 어려운 데란 삼악도三惡道와 팔난八難을 합해서 말하기도 하는데, 부처님을 보고 법을 듣는 데 여덟 가지 장애를 말한다. 재지옥난在地獄難·재축생난在畜生難·재아귀난在餓鬼難(이 세 곳은 고통이 심해서 불법을 듣지 못한다)·재장수천난在長壽天難·재울단월난在鬱單越難(이 두 곳은 즐거움이 너무 많아서 불법을 듣지 않는다)·농맹음아난聾盲瘖瘂難(귀가 멀고 눈이 멀고 말을 못하는 경우이다)·불전불후난佛前佛後難(불법이 있기 전이거나 없을 때에 태어나는 것을 말한다)·세지변총난世智辯聰難(세상 지혜가 너무 수승한 탓으로 분주하여 법을 듣지 못한다고 하였다)이다.

능어일체불찰중　소륭불종부단자경계고
能於一切佛刹中에 **紹隆佛種不斷者境界故**며
능주지일체불법자경계고　능어일체겁　수보
能住持一切佛法者境界故며 **能於一切劫**에 **修菩**

_{살 행} _{성 만 대 원 해 자 경 계 고}
薩行하야 **成滿大願海者境界故**며

모든 세계에서 부처님의 종성을 계승하여 끊어지지 않게 하는 이의 경계인 연고며, 능히 모든 부처님의 법에 머물러 지니는 이의 경계인 연고며, 온갖 겁 동안에 보살의 행을 닦아 큰 서원의 바다를 만족한 이의 경계인 연고며,

또 부처님의 종성을 계승하여 끊어지지 않게 하는 이의 경계며, 능히 모든 부처님의 법에 머물러 지니는 이의 경계며, 온갖 겁 동안에 보살의 행을 닦아 큰 서원 바다를 만족한 이의 경계이기 때문이다.

_{능 어 일 체 법 계 해} _{이 청 정 지 광} _{멸 무 명 암}
能於一切法界海에 **以淸淨智光**으로 **滅無明暗**
_{장 자 경 계 고} _{능 이 일 념 지 혜 광 명} _{보 조 일 체}
障者境界故며 **能以一念智慧光明**으로 **普照一切**

삼 세 방 편 해 자 경 계 고
三世方便海者境界故니라

능히 모든 법계 바다에서 청정한 지혜의 광명으로 무명의 어두운 장애를 소멸하는 이의 경계인 연고며, 능히 잠깐 동안의 지혜 광명으로 온갖 세 세상의 방편 바다를 두루 비추는 이의 경계인 연고입니다."

또 능히 모든 법계 바다에서 청정한 지혜의 광명으로 무명의 어두운 장애를 소멸하는 이의 경계며, 능히 잠깐 동안의 지혜 광명으로 온갖 세 세상의 방편 바다를 두루 비추는 이의 경계이기 때문이다. 이와 같은 등의 이유로 성문이나 독각들은 알지 못하고 오로지 대승보살만이 알 수 있고 행할 수 있다.

(2) 보구중생묘덕주야신의 초발심

1〉 보구중생묘덕주야신이 태어난 과거세계

아 승 불 력　　금 위 여 설　　　선 남 자　내 왕 고
我承佛力하야 **今爲汝說**호리라 **善男子**야 **乃往古**

世_에 過佛刹微塵數劫_{하야} 爾時有劫_{하니} 名圓滿淸淨_{이요} 世界_는 名毘盧遮那大威德_{이어든} 有須彌山微塵數如來_가 於中出現_{하시니라}

"제가 부처님의 힘을 받들어 지금 그대를 위해 말하겠습니다. 선남자여, 지나간 옛적 부처님 세계의 미진수 겁 전에 그때에 겁이 있었으니 이름이 원만청정이요, 세계의 이름은 비로자나대위덕이었습니다. 그때 수미산 미진수의 여래가 그 세계에 출현하시었습니다."

이제부터 보구중생묘덕주야신이 처음 발심한 때로부터 무수한 세월 동안 무수한 부처님을 친견하여 공경 공양하면서 수행한 이야기를 펼쳐 놓는다.

其佛世界_가 以一切香王摩尼寶_로 爲體_{하고} 衆

보장엄　　주무구광명마니왕해상
寶莊嚴하야 **住無垢光明摩尼王海上**하니

"그 부처님의 세계는 일체향왕마니보배로 자체가 되어 여러 보배로 장엄하였으며, 때 없는 광명 마니왕 바다 위에 머물렀습니다."

기형정원　　정예합성　　일체엄구장운　이
其形正圓하야 **淨穢合成**이라 **一切嚴具帳雲**이 **而**

부기상　　일체장엄마니륜산　천잡위요　　유
覆其上하고 **一切莊嚴摩尼輪山**이 **千帀圍繞**하며 **有**

십만억나유타사천하　개묘장엄
十萬億那由他四天下가 **皆妙莊嚴**하야

"그 형상은 반듯하고 둥글며, 깨끗하고 더러운 것으로 합하여 이루어졌고, 모든 장엄거리 휘장 구름이 그 위에 덮이고, 일체장엄마니륜산一切莊嚴摩尼輪山이 천 겹이나 둘렀으며, 묘하게 장엄한 십만억 나유타 사천하가 있었습니다."

或有四天下엔 惡業衆生이 於中止住하며 或有
四天下엔 雜業衆生이 於中止住하며

"혹 어떤 사천하에는 나쁜 업을 지은 중생들이 그 가운데 살고, 혹 어떤 사천하에는 여러 가지 업을 지은 중생들이 그 가운데 살고,

或有四天下엔 善根衆生이 於中止住하며 或有
四天下엔 一向淸淨한 諸大菩薩之所止住라

혹 어떤 사천하에는 착한 뿌리를 심은 중생들이 그 가운데 살고, 혹 어떤 사천하에는 한결같이 청정한 여러 큰 보살들이 살고 있었습니다."

혹 어떤 사천하에는 나쁜 업을 지은 중생들이 살고, 혹은 여러 가지 업을 지은 중생들이 살고, 혹은 선근을 심은 중생

들이 살고, 혹은 청정한 보살들이 살고 있는 것을 밝혔다.

此界東際輪圍山側에 **有四天下**하니 **名寶燈華**
차계동제윤위산측   유사천하   명보등화

幢이라 **國界清淨**하고 **飲食豊足**하며 **不藉耕耘**하고 **而**
당   국계청정   음식풍족   부자경운   이

生稻粱하며
생도량

"이 세계의 동쪽 윤위산輪圍山 곁에 사천하가 있으니 이름이 '보배 등불 꽃 당기[寶燈華幢]'라. 나라의 경계가 청정하고 음식이 풍족하여 농사를 짓지 않아도 벼와 기장이 저절로 나고,

宮殿樓閣이 **悉皆奇妙**하며 **諸如意樹**가 **處處行**
궁전누각   실개기묘   제여의수   처처항

列하며 **種種香樹**가 **恒出香雲**하며 **種種鬘樹**가 **恒出**
렬   종종향수   항출향운   종종만수   항출

만 운
鬘雲하며

궁전과 누각이 모두 기묘하고, 여러 여의수如意樹가 간 데마다 줄을 지었으며, 여러 향 나무에서는 향 구름이 항상 나고, 가지가지 꽃다발 나무에서는 꽃다발 구름이 항상 나며,

종종화수 　　상우묘화 　　종종보수 　　출제기
種種華樹가 **常雨妙華**하며 **種種寶樹**가 **出諸奇**
보　　무량색광　　주잡조요
寶하야 **無量色光**이 **周帀照耀**하며

여러 가지 꽃 나무에서는 아름다운 꽃이 항상 비처럼 내리고, 여러 가지 보배 나무에서는 온갖 신기한 보배가 나서 한량없는 빛을 두루 비추고,

제음악수 　　출제음악 　　수풍취동 　　연묘음
諸音樂樹가 **出諸音樂**하야 **隨風吹動**하야 **演妙音**

聲하며 日月光明摩尼寶王이 普照一切하야 晝夜受樂하야 無時間斷하며

여러 음악 나무에서는 모든 음악이 나오는데 바람이 부는 대로 묘한 음악을 연주하며, 일월광명마니보배가 모든 것을 비추어 밤낮으로 받는 쾌락이 끊이지 아니하였습니다."

此四天下에 有百萬億那由他諸王國土하고 一一國土에 有千大河가 周帀圍繞어든 一一皆以妙華覆上하야 隨流漂動에 出天樂音하며

"이 사천하에 백만억 나유타 나라가 있고, 나라마다 일천의 큰 강이 있어 둘러 흐르는데, 강마다 아름다운 꽃이 위에 덮이어 물이 흐르는 대로 흔들려서 하늘의 음악을 내며,

일체보수   열식기안   종종진기   이위엄
一切寶樹로 列植其岸하고 種種珍奇로 以爲嚴

식   주선래왕   칭정희락   일일하간   유백
節하고 舟船來往에 稱情戲樂하며 一一河間에 有百

만억성   일일성   유백만억나유타취락   여
萬億城하고 一一城에 有百萬億那由他聚落하야 如

시일체성읍취락   각유무량백천억나유타궁전
是一切城邑聚落에 各有無量百千億那由他宮殿

원림   주잡위요
園林이 周市圍繞하니라

　모든 보배 나무가 강 언덕에 줄지어 섰는데 갖가지 보배로 꾸미었고, 오고 가는 배들이 마음에 들어 즐거워했으며, 강과 강 사이마다 백만억 도성이 있고, 도성마다 백만억 나유타 마을이 있으며, 이와 같은 도성과 마을에는 각각 한량없는 백천억 나유타 궁전과 동산의 숲이 둘리어 있었습니다."

　보구중생묘덕주야신 선지식이 태어난 과거세계에 대한 여러 가지 광경을 낱낱이 설명하였다.

2) 보구중생묘덕주야신의 과거의 부모

此四天下閻浮提內에 有一國土하니 名寶華燈
_{차사천하염부제내   유일국토   명보화등}

이니 安隱豊樂하야 人民熾盛이라 其中衆生이 具行
_{안은풍락   　인민치성   　기중중생 구행}

十善하니라
_{십선}

"이 사천하의 염부제에 한 나라가 있으니 이름이 '보배 꽃 등불'이요, 태평하고 풍부하여 백성이 번성하였으며, 거기 있는 중생들은 열 가지 착한 일을 행하였습니다."

주야신 선지식이 지나온 과거의 부모들에 대해서 밝혀 나간다. 한 나라가 있었는데 그 나라는 태평하고 풍부하여 백성이 번성하였으며, 거기 있는 중생들은 열 가지 착한 일을 행하였다고 하였다. 열 가지 착한 일이란 십악十惡의 반대로서 십선도十善道 또는 십선계十善戒라고 한다. 몸[動作]·입[言語]·뜻[意念]으로 십악을 범하지 않는 제계制戒이다. 불살생不殺生·불투도不偸盜·불사음不邪婬·불망어不妄語·불양설不兩

舌·불악구不惡口·불기어不綺語·불탐욕不貪欲·불진에不瞋恚·불사견不邪見이다.

유전륜왕　　어중출현　　　명비로자나묘보연
有轉輪王이 於中出現하니 名毘盧遮那妙寶蓮

화계　　어연화중　　홀연화생　　삼십이상　　이
華髻라 於蓮華中에 忽然化生하야 三十二相으로 以

위엄호　　칠보구족　　왕사천하　　항이정법
爲嚴好하고 七寶具足하야 王四天下에 恒以正法으로

교도군생
敎導群生하며

"그 나라에 전륜왕이 출현하시니 이름이 '비로자나 묘한 보배 연꽃 상투[毘盧遮那妙寶蓮華髻]'입니다. 연꽃 속에서 홀연히 화생하여 서른두 가지의 거룩한 모습으로 장엄하였고 칠보가 구족하며, 사천하에 왕이 되어 항상 바른 법으로 중생을 교화하였습니다."

왕유천자　　단정용건　　능복원적　　백만
王有千子하니 端正勇健하야 能伏冤敵하며 百萬

억나유타궁인채녀　　개실여왕　　　동종선근
億那由他宮人婇女가 **皆悉與王**으로 **同種善根**하며

동수제행　　동시탄생　　단정주묘　유여천녀
同修諸行하며 **同時誕生**하니 **端正姝妙**가 **猶如天女**

　　신진금색　　　상방광명　　　제모공중　 항출
하며 **身眞金色**이라 **常放光明**하며 **諸毛孔中**에 **恒出**

묘향
妙香하며

"이 왕에게는 천 명의 아들이 있으니 단정하고 용맹하여 능히 적들을 항복받으며, 백만억 나유타 궁녀宮女와 채녀들이 있으니 왕과 함께 착한 뿌리를 심었고, 모든 행을 함께 닦았으며, 한꺼번에 탄생하여 단정하고 아름답기가 마치 하늘의 여인들과 같으며, 몸은 금빛이요 항상 광명을 놓으며, 여러 모공으로는 항상 아름다운 향기를 풍겼습니다."

　　양신맹장　　구족천억　　왕유정비　　　명원만
良臣猛將이 **具足千億**하며 **王有正妃**하니 **名圓滿**

면　　　시왕여보　　　단정수특　　　피부금색　　　목
面이라 是王女寶가 端正殊特하야 皮膚金色이요 目

발감청　　　언동범음　　　신유천향　　　상방광명
髮紺靑하며 言同梵音하고 身有天香하며 常放光明

　　　조천유순
하야 照千由旬하니라

"어진 신하와 용맹한 장수들이 천억이나 되며, 왕의 부인은 이름이 '원만한 얼굴'인데, 이는 왕의 여보女寶로서 단정하고 아름다우며, 살결은 금빛이요 눈과 머리카락은 검푸르고, 말소리는 범천의 음성과 같고 몸에서는 하늘 향기를 풍기며 항상 광명을 놓아 일천 유순을 비추었습니다."

　　　기유일녀　　　명보지염묘덕안　　　형체단엄
其有一女하니 名普智焰妙德眼이라 形體端嚴하고

색상수미　　　중생견자　　　정무염족
色相殊美하야 衆生見者가 情無厭足이러라

"그에게 한 명의 딸이 있는데 이름이 '드넓은 지혜의 불꽃 미묘한 덕의 눈[普智焰妙德眼]'이니, 형상이 단정하고 빛깔이 아름다워서 보는 중생들이 싫어할 줄 몰랐습니다."

보구중생묘덕주야신의 과거의 부모를 밝히는데 아버지는 전륜왕이고 어머니는 왕비로서 '원만한 얼굴'이라는 이름의 원만면圓滿面이었다. 그리고 그 전륜왕의 딸로서 이름이 '드넓은 지혜의 불꽃 미묘한 덕의 눈[普智焰妙德眼]'이었는데 이 딸이 곧 보구중생묘덕주야신 선지식의 전신이다.

爾時에 衆生이 壽命無量하며 或有不定而中夭者하며 種種形色과 種種音聲과 種種名字와 種種族姓과 愚智勇怯과 貧富苦樂의 無量品類가 皆悉不同이러니

"그때에 중생들의 수명이 한량이 없지마는 혹 어떤

중생은 일정하지 않아서 일찍 죽는 이도 있었으며, 갖가지 얼굴과 갖가지 음성과 갖가지 이름과 갖가지 종족이며, 어리석은 이와 지혜 있는 이와 용맹한 이와 겁약한 이와 가난한 이와 부유한 이와 괴로운 이와 즐거운 이들이 종류가 한량없어서 모두 같지 아니하였습니다."

시혹유인 어여인언 아신 단정 여형
時或有人이 **語餘人言**호대 **我身**은 **端正**하고 **汝形**은

비루 작시어이 체상훼욕 집불선업
鄙陋라하야 **作是語已**하고 **遞相毁辱**하야 **集不善業**하니

이시업고 수명색력 일체낙사 실개손감
以是業故로 **壽命色力**과 **一切樂事**가 **悉皆損減**하나라

"그때 혹 어떤 사람이 다른 이에게 말하기를 '내 몸은 단정한데 네 얼굴은 더럽다.'고 나무라면서 서로 헐뜯고 욕설하며 나쁜 업을 지으니, 이러한 업을 짓는 연고로 수명과 혈색과 기운과 모든 즐거운 일들이 모두 감하기도 하였습니다."

이때의 사람들은 수명도 여러 가지고 모습과 음성도 가

지가지며 이름과 종족도 가지가지인 것이 지금의 사바세계 모습과도 같았다. 그뿐만 아니라 남을 헐뜯고 비방하여 불선한 업을 지어 과보를 받는 것이 지금의 세상 모습과 꼭 같았다.

3) 부처님이 출현하여 중생들을 제도하다

〈1〉 도道를 얻은 곳

시 피 성 북　　유 보 리 수　　　명 보 광 법 운 음 당
時彼城北에 **有菩提樹**하니 **名普光法雲音幢**이라

이 염 념 출 현 일 체 여 래 도 량 장 엄 견 고 마 니 왕
以念念出現一切如來道場莊嚴堅固摩尼王으로

이 위 기 근　　일 체 마 니　　이 위 기 간
以爲其根하고 **一切摩尼**로 **以爲其幹**하고

"그때에 성城 북쪽에 보리수가 있으니 이름이 '넓은 빛 법 구름 음성 당기[普光法雲音幢]'였습니다. 잠깐잠깐마다 모든 여래의 도량에 나타나서 견고하게 장엄하니 마니왕으로 뿌리가 되고 온갖 마니로 줄기가 되고,

衆雜妙寶로 以爲其葉하야 次第分布하야 並相稱可하며 四方上下에 圓滿莊嚴하며 放寶光明하고 出妙音聲하야 說一切如來甚深境界하며

여러 가지 보배로 잎이 되어 차례차례 피어서 서로 어울렸으며, 사방과 상하에 원만하게 장엄하여 보배 광명을 놓고 묘한 음성을 내어 모든 여래의 깊은 경계를 연설하였습니다."

於彼樹前에 有一香池하니 名寶華光明演法雷音이라 妙寶爲岸하고 百萬億那由他寶樹圍繞하니 一一樹形이 如菩提樹하야 衆寶瓔珞이 周帀垂下하며

"그 보리수 앞에 하나의 향기 못이 있으니 이름이 '보배 꽃 광명으로 법을 말하는 우렛소리'였습니다. 묘

한 보배로 언덕이 되고 백만억 나유타 보배 나무가 둘러섰는데 나무마다 모양이 보리수와 같고 온갖 보배 영락을 드리웠으며,

無量樓閣이 皆寶所成이라 周徧道場하야 以爲嚴飾하며 彼香池內에 出大蓮華하니 名普現三世一切如來莊嚴境界雲이라

보배로 이루어진 한량없는 누각이 도량에 두루 하여 장엄하게 꾸몄으며, 그 향기 못에 큰 연꽃이 솟았으니 이름이 '세 세상 모든 여래의 장엄한 경계를 나타내는 구름〔普現三世一切如來莊嚴境界雲〕'이었습니다."

그 옛날 부처님이 출현하여 중생들을 제도하는 온갖 사연을 일일이 밝혔다. 성城 북쪽에 보리수가 있고 그 보리수 앞에 연못이 있으며, 언덕에는 백만억 나유타 보배 나무가

둘러섰는데 나무마다 모양이 보리수와 같았다. 또 보배로 이루어진 한량없는 누각이 도량에 두루 하여 장엄하게 꾸몄으며, 그 못에서 큰 연꽃이 솟았다. 이와 같은 모든 징조가 반드시 부처님이 출현하시게 됨을 예고하는 것이다.

〈2〉 부처님의 출현을 밝히다

須彌山微塵數佛이 於中出現하시니 其第一佛은 名普智寶焰妙德幢이라 於此華上에 最初得阿耨多羅三藐三菩提하사 無量千歲에 演說正法하야 成熟衆生하시니라

"수미산 티끌 수의 부처님이 거기에 나타나셨는데 그 첫 부처님의 이름은 보지보염묘덕당普智寶焰妙德幢이며, 이 연꽃 위에서 처음으로 아뇩다라삼먁삼보리를 얻었고, 한량없는 천 년 동안 바른 법을 연설하여 중생을 성

숙시켰습니다."

드디어 수미산 티끌 수의 부처님이 거기에 나타나서 연꽃 위에서 처음으로 정각을 이루고 한량없는 천 년 동안 바른 법을 연설하여 중생을 성숙시켰다.

其彼如來가 未成佛時에 十千年前에 此大蓮華가 放淨光明하니 名現諸神通成熟衆生이라 若有衆生이 遇斯光者면 心自開悟하야 無所不了하야 知十千年後에 佛當出現하며

"저 여래가 아직 성불하기 십천 년 전에 이 큰 연꽃에서 청정한 광명을 놓았으니 이름이 '모든 신통을 나타내어 중생을 성숙하게 함'이라, 만일 중생이 이 광명을 만난 이는 마음이 저절로 열리어 알지 못함이 없으며, 십

천 년 뒤에 부처님이 마땅히 출현하실 것을 알았습니다."

저 여래가 연꽃 위에서 성불하시게 되는데 아직 성불하기 일만 년 전에 그 연꽃에서 청정한 광명을 놓았고, 그 광명을 만난 중생들은 마음이 저절로 열리어 일만 년 뒤에 마땅히 부처님이 출현하실 것을 알았다. 이와 같이 9천년 전에 연꽃은 또 광명을 놓고, 그 광명을 만난 중생들은 9천년 뒤에 마땅히 부처님이 출현하실 것을 알게 된다.

九千年前에 放淨光明하니 名一切衆生離垢燈이라 若有衆生이 遇斯光者면 得淸淨眼하야 見一切色하야 知九千年後에 佛當出現하며

"구천 년 전에 청정한 광명을 놓았으니 이름이 '일체 중생의 때를 여읜 등불'이라, 만일 중생이 이 광명을 만난 이는 청정한 눈을 얻어 모든 빛을 보았으며, 구천

년 뒤에 부처님이 마땅히 출현하실 것을 알았습니다."

八千年前_에 放大光明_{하니} 名一切衆生業果音_{이라} 若有衆生_이 遇斯光者_면 悉得自知諸業果報_{하야} 知八千年後_에 佛當出現_{하며}

"팔천 년 전에 큰 광명을 놓았으니 이름이 '모든 중생이 업을 지어 과보 받는 음성'이라, 만일 중생이 이 광명을 만난 이는 모든 업의 과보를 모두 스스로 알았으며, 팔천 년 뒤에 부처님이 마땅히 출현하실 것을 알았습니다."

七千年前_에 放大光明_{하니} 名生一切善根音_{이라} 若有衆生_이 遇斯光者_면 一切諸根_이 悉得圓滿_{하야}

지 칠 천 년 후　　불 당 출 현
知七千年後에 **佛當出現**하며

"칠천 년 전에 큰 광명을 놓았으니 이름이 '모든 착한 뿌리를 내는 음성'이라, 만일 중생이 이 광명을 만난 이는 모든 근根이 다 원만하였으며, 칠천 년 뒤에 부처님이 출현하실 것을 알았습니다."

　　육 천 년 전　　방 대 광 명　　명 불 부 사 의 경 계 음
六千年前에 **放大光明**하니 **名佛不思議境界音**이라

약 유 중 생　　우 사 광 자　　기 심 광 대　　　보 득 자 재
若有衆生이 **遇斯光者**면 **其心廣大**하야 **普得自在**

　지 육 천 년 후　　불 당 출 현
하야 **知六千年後**에 **佛當出現**하며

"육천 년 전에 큰 광명을 놓았으니 이름이 '부처님의 부사의한 경계의 음성'이라, 만일 중생이 이 광명을 만난 이는 마음이 광대하여 자재함을 두루 얻었으며, 육천 년 뒤에 부처님이 출현하실 것을 알았습니다."

五千年前에 放大光明하니 名嚴淨一切佛刹音
이라 若有衆生이 遇斯光者면 悉見一切淸淨佛土
하야 知五千年後에 佛當出現하며

"오천 년 전에 큰 광명을 놓았으니 이름이 '모든 부처님의 세계를 깨끗이 하는 음성'이라, 만일 중생이 이 광명을 만난 이는 모든 부처님의 청정한 국토를 보았으며, 오천 년 뒤에 부처님이 출현하실 것을 알았습니다."

四千年前에 放大光明하니 名一切如來境界無差別燈이라 若有衆生이 遇斯光者면 悉能往覲一切諸佛하야 知四千年後에 佛當出現하며

"사천 년 전에 큰 광명을 놓았으니 이름이 '모든 여래 경계의 차별 없는 등불'이라, 만일 중생이 이 광명

을 만난 이는 일체 모든 부처님을 가서 뵈었으며, 사천 년 뒤에 부처님이 출현하실 것을 알았습니다."

三千年前_에 放大光明_{하니} 名三世明燈_{이라} 若有

衆生_이 遇斯光者_면 悉能現見一切如來諸本事海

_{하야}知三千年後_에 佛當出現_{하며}

"삼천 년 전에 큰 광명을 놓았으니 이름이 '세 세상의 밝은 등불'이라, 만일 중생이 이 광명을 만난 이는 모든 여래의 본래의 일 바다를 다 보았으며, 삼천 년 뒤에 부처님이 출현하실 것을 알았습니다."

二千年前_에 放大光明_{하니} 名如來離翳智慧燈

_{이라} 若有衆生_이 遇斯光者_면 則得普眼_{하야} 見一切

여래신변   일체제불국토   일체세계중생
如來神變과 **一切諸佛國土**와 **一切世界衆生**하야

지이천년후   불당출현
知二千年後에 **佛當出現**하며

"이천 년 전에 큰 광명을 놓았으니 이름이 '여래의 가림을 여읜 지혜 등불'이라, 만일 중생이 이 광명을 만난 이는 넓은 눈을 얻어 모든 여래의 신통변화와 일체 모든 부처님의 국토와 모든 세계의 중생을 보았으며, 이천 년 뒤에 부처님이 출현하실 것을 알았습니다."

일천년전   방대광명   명영일체중생견불
一千年前에 **放大光明**하니 **名令一切衆生見佛**

집제선근   약유중생   우사광자   즉득성취
集諸善根이라 **若有衆生**이 **遇斯光者**면 **則得成就**

견불삼매   지일천년후   불당출현
見佛三昧하야 **知一千年後**에 **佛當出現**하며

"일천 년 전에 큰 광명을 놓았으니 이름이 '일체 중생이 부처님을 뵈옵고 모든 착한 뿌리를 모으게 함'이라, 만일 중생이 이 광명을 만난 이는 부처님을 보는 삼

매를 성취하였고, 일천 년 뒤에 부처님이 출현하실 것을 알았습니다."

次七日前에 放大光明하니 名一切衆生歡喜音이라 若有衆生이 遇斯光者면 得普見諸佛하고 生大歡喜하야 知七日後에 佛當出現이니라

"또한 다음 칠 일 전에 큰 광명을 놓았으니 이름이 '모든 중생의 기뻐하는 음성'이라, 만일 중생이 이 광명을 만난 이는 여러 부처님을 두루 뵈옵고 크게 환희하였으며, 칠 일 후에 부처님이 출현하실 것을 알았습니다."

일만 년에서 7일 전에 이르기까지 연꽃에서 광명을 놓고, 그 광명을 만나는 중생들은 일만 년에서 7일 후에 부처님이 출현하실 것을 알게 되는 내용을 밝혔다. 연꽃에서 광명을

놓고 그 광명을 만나는 중생들은 반드시 부처님이 출현하실 것을 알게 된다는 것은 무슨 뜻인가.

보구중생묘덕주야신 선지식의 아득한 과거 생에서 한 전륜왕의 딸로 태어나 그때에 부처님이 세상에 출현하시게 된 과정들을 이와 같이 밝혔다.

4) 보살 대중을 밝히다

滿七日已_에 一切世界_가 悉皆震動_{하야} 純淨無染_{하야} 念念普現十方一切淸淨佛刹_{하며} 亦現彼刹種種莊嚴_{하니} 若有衆生_이 根性淳熟_{하야} 應見佛者_면 咸詣道場_{이러라}

"칠 일이 찬 후에 모든 세계가 다 진동하며 순일하게 깨끗하여 더러움이 없었으며, 잠깐 동안마다 시방의 모든 청정한 세계를 널리 나타내었으며, 또한 저 세계의 여러 가지 장엄도 나타내었으니, 만일 중생이 근성이 성숙하여 부처님을 볼 만한 이는 다 도량으로 나아갔습니다."

爾時彼世界中에 一切輪圍와 一切須彌와 一切諸山과 一切大海와 一切地와 一切城과 一切垣牆과 一切宮殿과 一切音樂과 一切語言이 皆出音聲하야 讚說一切諸佛如來神力境界하며

"그때에 저 세계의 모든 윤위산과, 모든 수미산과, 모든 산과, 모든 바다와, 모든 땅과, 모든 성城과, 모든 담장과, 모든 궁전과, 모든 음악과, 모든 말[語言]이 다 소리를 내어 일체 모든 부처님 여래의 신통한 힘의 경계를 찬탄하였습니다."

又出一切香雲과 一切燒香雲과 一切末香雲과
一切香摩尼形像雲과 一切寶焰雲과 一切焰藏雲
과 一切摩尼衣雲과 一切瓔珞雲과 一切妙華雲과

"또 일체 향기 구름과, 일체 사르는 향 구름과, 일체 가루 향 구름과, 일체 향 마니 형상 구름과, 일체 보배 불꽃 구름과, 일체 불꽃 창고 구름과, 일체 마니 옷 구름과, 일체 영락 구름과, 일체 묘한 꽃 구름과,

一切如來光明雲과 一切如來圓光雲과 一切音樂雲과 一切如來願聲雲과 一切如來言音海雲과 一切如來相好雲하야 顯示如來出現世間不思議相이러라

모든 여래의 광명 구름과, 모든 여래의 둥근 광명 구름과, 모든 음악 구름과, 모든 여래의 서원 소리 구름과, 모든 여래의 음성 바다 구름과, 모든 여래의 잘생긴 모습 구름을 내어서 여래가 세간에 출현하시는 부사의 한 모양을 나타내 보였습니다."

善男子_야 此普照三世一切如來莊嚴境界大寶
蓮華王_에 有十佛刹微塵數蓮華_가 周帀圍繞_{어든}
諸蓮華內_에 悉有摩尼寶藏獅子之座_{하고} 一一座
上_에 皆有菩薩_이 結跏趺坐_{하나니라}

　　"선남자여, 세 세상 모든 여래의 장엄한 경계를 두루 비추는 큰 보배 연꽃왕에 열 세계의 미진수 연꽃이 둘러싸고, 여러 연꽃 속에는 다 마니보배 창고 사자좌가 있고, 낱낱 사자좌마다 보살이 가부좌하고 앉았습니다."

여래가 정각을 이루기 전에 보살 대중이 먼저 연꽃 위의 낱낱 사자좌에 가부좌하고 앉아 있는 광경을 밝혔다.

5) 여래가 정각을 이루고 법륜을 굴리다

善男子야 彼普智寶焰妙德幢王如來가 於此에
성 아 뇩 다 라 삼 먁 삼 보 리 시   즉 어 시 방 일 체 세 계
成阿耨多羅三藐三菩提時에 卽於十方一切世界
中에 成阿耨多羅三藐三菩提하사 隨衆生心하야 悉
現其前하사 爲轉法輪하야

"선남자여, 저 보지보염묘덕당왕普智寶焰妙德幢王 여래께서 여기에서 아뇩다라삼먁삼보리를 이룰 때에 곧 시방의 모든 세계에서 아뇩다라삼먁삼보리를 이루어 중생들의 마음을 따라 그 앞에 나타나서 법륜을 굴리었습니다."

여래가 정각을 이루고 법륜을 굴리는데 낱낱 세계마다 한량없는 중생들에게 알맞은 법륜을 굴리어 모두 근기를 따

라 이익 얻음을 밝혔다.

어_{일일세계} 영무량중생 이악도고 영
於一一世界에 **令無量衆生**으로 **離惡道苦**하며 **令**

무량중생 득생천중 영무량중생 주어
無量衆生으로 **得生天中**하며 **令無量衆生**으로 **住於**

성문벽지불지
聲聞辟支佛地하며

 "낱낱 세계에서 한량없는 중생에게 나쁜 길의 고통을 여의게 하고, 한량없는 중생을 천상에 나게 하며, 한량없는 중생을 성문이나 벽지불의 지위에 머물게 하였습니다."

 여래가 정각을 이루고 법륜을 굴리는데 가장 먼저 한량없는 중생에게 악도의 고통을 떠나게 하고, 다음으로는 성문이나 독각의 지위에 머물게 하였다. 불교의 궁극적 목적은 모든 중생들이 큰 보살이 되어 보살도를 행하도록 하는 것이다. 그러나 그와 같은 큰 마음을 가진 보살이 되는 것은 어려운 일이므로 하근기 중생들에게는 먼저 고통을 떠나게 하는 일이 급하다. 다음으로 성문이나 독각의 지위에 이르러 자기 자신만이라도 적정열반에 안주하는 일이다.

令無量衆生_{으로} 成就出離菩提之行_{하며} 令無量衆生_{으로} 成就勇猛幢菩提之行_{하며} 令無量衆生_{으로} 成就法光明菩提之行_{하며}

"한량없는 중생에게 벗어나는 보리의 행을 성취케 하고, 한량없는 중생에게 용맹한 당기 보리의 행을 성취케 하고, 한량없는 중생에게 법광명 보리의 행을 성취케 하였습니다."

令無量衆生_{으로} 成就淸淨根菩提之行_{하며} 令無

量衆生으로 成就平等力菩提之行하며 令無量衆生으로 成就入法城菩提之行하며

"한량없는 중생에게 청정한 뿌리의 보리의 행을 성취케 하고, 한량없는 중생에게 평등한 힘 보리의 행을 성취케 하고, 한량없는 중생에게 법성에 들어가는 보리의 행을 성취케 하였습니다."

令無量衆生으로 成就徧至一切處不可壞神通力菩提之行하며 令無量衆生으로 入普門方便道菩提之行하며 令無量衆生으로 安住三昧門菩提之行하며

"한량없는 중생에게 온갖 처소에 두루 가서 깨뜨릴 수 없는 신통한 힘 보리의 행을 성취케 하고, 한량없는

중생에게 넓은 문 방편도에 들어가는 보리의 행을 성취케 하고, 한량없는 중생에게 삼매문에 머무는 보리의 행을 성취케 하였습니다."

令無量衆生으로 **成就緣一切淸淨境界菩提之行**하며 **令無量衆生**으로 **發菩提心**하며 **令無量衆生**으로 **住菩薩道**하며 **令無量衆生**으로 **安住淸淨波羅蜜道**하며

"한량없는 중생에게 모든 청정한 경계를 반연하는 보리의 행을 성취케 하고, 한량없는 중생에게 보리심을 내게 하고, 한량없는 중생을 보살의 도에 머물게 하고, 한량없는 중생을 청정한 바라밀다의 길에 머물게 하였습니다."

여래가 정각을 이루어 중생들을 교화하는 일에 가장 먼

저 고통을 소멸하게 하고, 다음으로 성문이나 독각의 지위에 머물게 하고, 다음으로 갖가지 깨달음의 행인 보리행을 성취하게 한다. 그래서 여러 가지 보리행을 열거하였다. 다음으로 보리심을 발하게 하고, 보살의 도에 머물게 하고, 보살의 도인 육바라밀과 사섭법과 사무량심 등에 안주하게 한다.

令無量衆生_{으로} 住菩薩初地_{하며} 令無量衆生_{으로} 住菩薩二地_와 乃至十地_{하며} 令無量衆生_{으로} 入於菩薩殊勝行願_{하며} 令無量衆生_{으로} 安住普賢淸淨行願_{이러라}

"한량없는 중생을 보살의 초지初地에 머물게 하고, 한량없는 중생을 보살의 이지二地와 내지 십지十地에 머물게 하고, 한량없는 중생을 보살의 훌륭한 행과 원에 들어가게 하고, 한량없는 중생을 보현의 청정한 행과 원에 머물게 하였습니다."

한량없는 중생들을 육바라밀과 사섭법과 사무량심 등을 행하게 하고, 다음으로는 보살의 초지에서 십지에 이르게 하고, 보살의 수승한 행을 거쳐 궁극에는 보현보살의 청정한 행원行願에 안주하게 하여 영원히 보현행을 행하는 사람이 되도록까지 교화하는 것이다.

善男子야 彼普智寶焰妙德幢如來가 現如是
선남자 피보지보염묘덕당여래   현여시

不思議自在神力하사 轉法輪時에 於彼一一諸世
부사의자재신력   전법륜시   어피일일제세

界中에 隨其所應하야 念念調伏無量衆生이니라
계중   수기소응   염념조복무량중생

"선남자여, 저 보지보염묘덕당普智寶焰妙德幢 여래가 이와 같이 부사의한 자재로운 신통의 힘을 나타내어 법륜을 굴릴 적에 그 낱낱 모든 세계에서 마땅한 대로 응하여 잠깐잠깐마다 한량없는 중생을 조복하였습니다."

6〉보현보살이 인도하다

時_에 普賢菩薩_이 知寶華燈王城中衆生_이 自恃色貌_와 及諸境界_{하야} 而生憍慢_{하야} 陵蔑他人_{하시고}

"그때에 보현보살이 보배 꽃 등불 왕성 안에 있는 중생들이 스스로 잘생긴 모양과 여러 환경을 믿고 교만한 마음을 내어 다른 이들을 업신여김을 알았습니다."

化現妙身_{호대} 端正殊特_{하사} 往詣彼城_{하야} 放大光明_{하야} 普照一切_{하사} 令彼聖王_과 及諸妙寶_와 日月星宿_와 衆生身等_의 一切光明_{으로} 悉皆不現_이 譬如日出_에 衆景奪耀_{하며} 亦如聚墨_이 對閻浮金_케 하신대

"그래서 아름답고 단정하고 훌륭한 몸을 변화하여

나타내어 그 성중에 이르러 큰 광명을 놓아 모든 것을 비추었습니다. 그래서 그 전륜성왕과 여러 미묘한 보배와 일월성수와 중생들의 모든 광명이 하나도 드러나지 못하게 하였습니다. 마치 해가 뜨면 모든 별의 빛이 없어지는 듯하고, 또한 검은 먹덩이로 염부단금을 상대하는 듯하였습니다."

時諸衆生이 咸作是言호대 此爲是誰爲天가 爲梵가 今放此光하야 令我等身의 所有光色으로 皆不顯現이라하야 種種思惟호대 無能解了러니

"이때 중생들은 다 같이 이렇게 말하였습니다. '이것은 누구의 일일까? 하늘의 짓일까? 범천의 짓일까? 지금 이런 광명을 놓아 우리들의 몸에 있던 광채가 나타나지 못하는구나. 아무리 생각하여도 알 수가 없네.'"

보현보살이 잘난체하는 중생들을 교화하기 위하여 신통으로 매우 아름답고 단정하고 훌륭한 몸을 변화하여 나타내고 그 중생들을 놀라게 하였다. 세상에서 지나치게 부당한 일을 저지르는 경우를 보면 보현보살과 같은 방편을 사용하여 그들을 놀라게 하고 깨닫게 하여 주었으면 하는 마음이 간절하다. 언제쯤 이와 같은 공덕을 갖출 수 있게 될까.

爾時ᅟ에 普賢菩薩ᅟ이 在彼輪王寶宮殿上虛空中
住ᅟ하야 而告之言ᅟ하사대 大王ᅟ아 當知ᅟ하라 今汝國中ᅟ에
有佛興世ᅟ하사 在普光明法雲音幢菩提樹下ᅟ하시니라

"그때에 보현보살이 그 전륜왕의 보배 궁전 위 허공 중에 있으면서 이렇게 말하였습니다. '대왕이여, 마땅히 아십시오. 지금 당신의 나라에 부처님이 출현하시어 넓은 광명 법 구름 음성 당기 보리수 아래에 계십니다.'"

<small>시 성왕녀연화묘안 견보현보살 소현색</small>
時에 **聖王女蓮華妙眼**이 **見普賢菩薩**의 **所現色**

<small>신광명자재 급문신상제장엄구 소출묘음</small>
身光明自在하며 **及聞身上諸莊嚴具**의 **所出妙音**

<small>심생환희 작여시념</small>
하고 **心生歡喜**하야 **作如是念**호대

"그때에 전륜성왕의 딸 연꽃 묘한 눈 공주[蓮華妙眼]가 보현보살이 나타내신 몸에 광명이 자재함을 보고, 또 몸에 있는 여러 장엄거리에서 나는 아름다운 소리를 듣고는 환희한 마음으로 이렇게 생각하였습니다.

<small>원아소유일체선근 득여시신 여시장엄</small>
願我所有一切善根으로 **得如是身**과 **如是莊嚴**과

<small>여시상호 여시위의 여시자재</small>
如是相好와 **如是威儀**와 **如是自在**하야지이다

'바라옵건대 내게 있는 모든 착한 뿌리의 힘으로 이러한 몸과 이러한 장엄과 이러한 모습과 이러한 위의威儀와 이러한 자유자재함을 얻어지이다.

금차 대성　　능어 중생 생 사 장 야 흑암 지중　　방
今此大聖이 **能於衆生生死長夜黑暗之中**에 **放**

대 광 명　　개 시 여래 출 흥 어 세　　원 령 어 아
大光明하사 **開示如來出興於世**하시니 **願令於我**로

역 득 여 시　　위 제 중생　　작 지 광 명　　파 피 소
亦得如是하야 **爲諸衆生**하야 **作智光明**하야 **破彼所**

유 무 지 흑 암　　원 아 소재 수 생 지 처　　상 득 불 리
有無知黑暗하며 **願我所在受生之處**에 **常得不離**

차 선 지 식
此善知識하야지이다하니라

　지금 이 거룩하신 보살께서 능히 중생들이 나고 죽는 캄캄한 밤중에 큰 광명을 놓아서 여래가 세상에 출현하심을 보여 주시니, 원하옵건대 나도 또한 그와 같이 모든 중생에게 지혜의 광명이 되어 저들의 캄캄한 무명을 깨뜨리게 하소서. 내가 태어나는 곳마다 이 선지식을 항상 떠나지 말게 하여지이다.'라고 하였습니다."

　보구중생묘덕주야신 선지식의 전신인 전륜성왕의 딸 연꽃 묘한 눈 공주[蓮華妙眼]가 보현보살이 나타내신 몸에 광명이 자재함을 보고는 큰 마음을 발하여 스스로 큰 서원을 세

왔다. '원하옵건대 나도 또한 그와 같이 모든 중생에게 지혜의 광명이 되어 저들의 캄캄한 무명을 깨뜨리게 하소서. 내가 태어나는 곳마다 이 선지식을 항상 떠나지 말게 하여지이다.'라고 하였다.

7) 전륜왕이 찬탄하다

善男子야 時에 轉輪王이 與其寶女와 千子眷屬과 大臣輔佐와 四種兵衆과 及其城內無量人民으로 前後圍繞하야 以王神力으로 俱升虛空하니 高一由旬이라 放大光明하야 照四天下하야 普使一切로 咸得瞻仰하고 欲令衆生으로 俱往見佛하야 以偈讚曰

"선남자여, 그때 전륜왕이 귀한 딸과 일천 아들과 권속과 신하와 네 종류의 군대와 성중의 한량없는 백성들에게 앞뒤로 호위되었는데, 왕의 신통한 힘으로 한 유

순쯤 높은 허공에 올라가서 큰 광명을 놓아서 사천하를 비추니 여러 중생의 앙모함이 되어 중생들과 함께 가서 부처님을 뵙고자 하여 게송으로 찬탄하였습니다."

보구중생묘덕주야신 선지식의 전신인 전륜성왕의 딸 연꽃 묘한 눈 공주가 위대하신 보현보살의 공덕을 찬탄하고 자신도 그와 같이 되겠다는 서원을 세우자 곧 전륜왕이 모든 권속들과 함께 가서 부처님을 친견하자고 게송으로 찬탄하였다.

여래 출 세 간
如來出世間하사

보 구 제 군 생
普救諸群生하시니

여 등 응 속 기
汝等應速起

왕 예 도 사 소
往詣導師所이다

여래께서 이 세상에 나타나시어

그 많은 중생들을 널리 구원하시니

그대들은 마땅히 빨리 일어나

부처님 계신 데로 나아갈지라.

무량무수겁	내유불흥세
無量無數劫에야	**乃有佛興世**하사

연설심묘법	요익일체중
演說深妙法하야	**饒益一切衆**이로다

한량없고 수없는 여러 겁 만에

부처님이 세상에 출현하시어

깊고 묘한 법문을 연설하시니

일체 중생들이 이익 얻도다.

불관제세간	전도상치혹
佛觀諸世間의	**顚倒常癡惑**하야

윤회생사고	이기대비심
輪廻生死苦하고	**而起大悲心**이로다

부처님께서 모든 세간이

뒤바뀐 생각에 항상 어리석고 미혹하여

생사에 헤매는 줄 살펴보시고

크나큰 자비심을 일으키셨도다.

무 수 억 천 겁
無數億千劫에

수 습 보 리 행
修習菩提行이

위 욕 도 중 생
爲欲度衆生이시니

사 유 대 비 력
斯由大悲力이로다

그지없는 억천 겁 오랜 세월에

보리행을 닦아 익힘은

많은 중생 건지려고 하시는 원력이라

이것은 크게 가엾이 여기는 마음이로다.

두 목 수 족 등
頭目手足等을

일 체 실 능 사
一切悉能捨하시니

위 구 보 리 고
爲求菩提故로

여 시 무 량 겁
如是無量劫이로다

머리와 눈과 손과 발 등

온갖 것을 모두 다 보시하시니

보리를 구하려고 하는 것으로

이와 같이 한량없는 겁 동안 행하시도다.

무량억천겁 　　　　　　도사난가우
無量億千劫에　　　　**導師難可遇**니

견문약승사　　　　　　일체무공과
見聞若承事하면　　　**一切無空過**로다

한량없는 억천 겁을 지내더라도
부처님은 만나기 어려운 일이니
누구나 보고 듣고 섬긴다 하면
모든 일이 헛되지 않으리라.

금당공여등　　　　　　왕관조어존
今當共汝等으로　　　**往觀調御尊**이

좌어여래좌　　　　　　항마성정각
坐於如來座하사　　　**降魔成正覺**호리라

지금 마땅히 그대들과 함께
빨리 가서 부처님을 친견하세.
여래께서 사자좌에 앉으시어서
마군을 항복받고 정각을 이루셨도다.

| 첨앙여래신 | 방연무량광 |
| **瞻仰如來身**호니 | **放演無量光**과 |

| 종종미묘색 | 제멸일체암 |
| **種種微妙色**하사 | **除滅一切暗**이로다 |

여래의 거룩한 몸 앙모하여라.

한량없는 광명을 멀리 놓으니

가지가지 미묘한 여러 빛깔이

캄캄한 모든 것을 소멸하도다.

| 일일보공중 | 방광부사의 |
| **一一毛孔中**에 | **放光不思議**라 |

| 보조제군생 | 함령대환희 |
| **普照諸群生**하야 | **咸令大歡喜**로다 |

부처님의 하나하나 모공마다에

부사의한 광명을 각각 놓아서

수없는 중생에게 널리 비추어

그들을 고루고루 기쁘게 하도다.

여등함응발
汝等咸應發　　　　광대정진심
　　　　　　　　　　廣大精進心하야

예피여래소
詣彼如來所하야　　공경이공양
　　　　　　　　　　恭敬而供養이이다

그대들은 모두 다

광대한 정진의 마음을 응당 발하여

부처님 계신 곳에 함께 나아가

공경하고 공양할지니라.

8〉 부처님께 공양하고 예배하다

이시　전륜성왕　설게찬불　　개오일체중
爾時에 **轉輪聖王**이 **說偈讚佛**하야 **開悟一切衆**

생이　　종윤왕선근　　출십천종대공양운
生已하고 **從輪王善根**으로 **出十千種大供養雲**하야

왕예도량　　향여래소
往詣道場하야 **向如來所**하니

"그때에 전륜성왕이 게송으로 부처님을 찬탄하여 여러 중생들을 깨우치고는 전륜왕의 착한 뿌리로부터 십천 가지 광대한 공양거리 구름을 내면서 도량으로 나아

가 여래의 계신 데로 향하였습니다."

所謂一切寶蓋雲과 一切華帳雲과 一切寶衣雲과 一切寶鈴網雲과 一切香海雲과 一切寶座雲과 一切寶幢雲과 一切宮殿雲과 一切妙華雲과 一切諸莊嚴具雲을 於虛空中에 周徧嚴飾하야

"이른바 온갖 보배 일산 구름과, 온갖 꽃 휘장 구름과, 온갖 보배 옷 구름과, 온갖 보배 방울 그물 구름과, 온갖 향기 바다 구름과, 온갖 보배 자리 구름과, 온갖 보배 당기 구름과, 온갖 궁전 구름과, 온갖 묘한 꽃 구름과, 온갖 장엄거리 구름이 허공에 가득히 장엄하였습니다."

到已에 頂禮普智寶焰妙德幢王如來足하며 繞

무량 백 천 잡　　　즉 어 불 전　　좌 보 조 시 방 보 연 화
無量百千市하고 **卽於佛前**에 **坐普照十方寶蓮華**

좌
座니라

"도량에 이르러서는 보지보염묘덕당왕普智寶焰妙德幢王 여래의 발에 엎드려 예배하고 한량없는 백천 바퀴를 돌고, 곧 부처님 앞에서 시방을 두루 비추는 보배 연꽃 자리에 앉았습니다."

전륜성왕이 게송을 설하여 부처님을 찬탄하고 나서 다시 온갖 크고 큰 공양 구름을 일으켜서 공양하였다. 그리고 여래의 발에 엎드려 예배하고 한량없는 백천 바퀴를 돌고 곧 부처님 앞에 앉았다.

9) 전륜성왕의 딸이 인행因行을 닦다

시　　전 륜 왕 녀 보 지 염 묘 덕 안　　즉 해 신 상 제 장
時에 **轉輪王女普智焰妙德眼**이 **卽解身上諸莊**

엄 구　　　지 이 산 불
嚴具하야 **持以散佛**한대

"그때에 전륜성왕의 딸인 '넓은 지혜 불꽃 묘한 공덕 눈'이 곧 몸에 꾸몄던 장엄거리를 벗어 부처님께 흩었습니다."

時_에 莊嚴具_가 於虛空中_에 變成寶蓋_{하야} 寶網垂下_{어늘} 龍王_이 執持_{하며} 一切宮殿_이 於中間列_{하며} 十種寶蓋_가 周帀圍繞_{하니} 形如樓閣_{하야} 內外淸淨_{하며} 諸瓔珞雲_과 及諸寶樹_와 香海摩尼_로 以爲莊嚴_{하며}

"그때에 장엄거리들은 공중에서 보배 일산으로 변화하여 보배 그물을 드리웠는데 용왕이 받들고 있었습니다. 모든 궁전들이 그 가운데 사이사이 널려 있는데 열 가지 보배 일산이 두루 에워쌌으며, 형상이 누각과 같으며 안팎이 청정하였고, 모든 영락 구름과 모든 보배 나무와 향물 바다 마니로 장엄하였습니다."

於此蓋中에 **有菩提樹**가 **枝葉榮茂**하야 **普覆法界**하며 **念念示現無量莊嚴**하야

"이 일산(日傘) 안에 보리수가 있으니 가지와 잎이 무성하여 법계를 두루 덮었는데 잠깐 동안에 한량없는 장엄을 나타내 보였습니다."

毘盧遮那如來가 **坐此樹下**어시든 **有不可說佛刹微塵數菩薩**이 **前後圍繞**하니 **皆從普賢行願出生**하야 **住諸菩薩無差別住**하며

"비로자나 여래께서 이 보리수 아래 앉으셨는데 말할 수 없는 세계의 티끌 수 보살들이 앞뒤로 둘러 모시

었으니, 모두 보현보살의 행과 원으로부터 출생하여 모든 보살의 차별 없이 머무르는 데 머물렀습니다."

전륜성왕의 어여쁜 딸이 몸을 아름답게 장엄하였던 진귀한 보물들을 풀어서 부처님께 공양하니 그 장엄구들이 공중에서 보배 일산으로 변화하여 보배 그물을 드리웠다. 그 보배 일산에는 무수한 장엄거리들이 있고, 다시 보리수가 있었다. 그 보리수 밑에 비로자나 여래가 계시고 말할 수 없는 세계의 티끌 수 보살들이 앞뒤로 둘러 모시었다.

亦見有一切諸世間主하며 亦見如來自在神力하며 又見一切諸劫次第와 世界成壞하며 又亦見彼一切世界에 一切諸佛出興次第하며

"또한 일체 모든 세간의 임금들도 보며, 또한 여래의 자재하신 신통의 힘도 보며, 또한 모든 겁의 차례와 세

계가 이루어지고 무너짐도 보며, 또한 저 모든 세계에 일체 모든 부처님이 출현하시는 차례도 봅니다."

전륜성왕의 딸이 바친 장엄구에서 온갖 현상이 펼쳐짐을 보게 되고, 그 외에 일체 모든 세간의 임금들도 보며, 또한 여래의 자재하신 신통의 힘도 보며, 또한 모든 겁의 차례와 세계가 이루어지고 무너짐도 보며, 또한 저 모든 세계에 일체 모든 부처님이 출현하시는 차례도 보게 되었다.

又亦見彼一切世界에 一一皆有普賢菩薩이 供養於佛하고 調伏衆生하며 又亦見彼一切菩薩이 莫不皆在普賢身中하며

"또한 저 일체 세계마다 낱낱이 보현보살이 있어서 부처님께 공양하고 중생을 조복하는 것도 보며, 또한 저 모든 보살들이 보현의 몸 속에 있음을 봅니다."

역견자신 재기신내   역견기신   재일체
亦見自身이 在其身內하며 亦見其身이 在一切

여래전   일체보현전   일체보살전   일체중생
如來前과 一切普賢前과 一切菩薩前과 一切衆生

전
前하며

"또한 자기의 몸이 그의 몸속에 있음을 보며, 또한 그의 몸이 일체 여래의 앞과 일체 보현보살의 앞과 일체 보살의 앞과 일체 중생의 앞에 있음을 봅니다."

우역견피일체세계   일일각유불찰미진수
又亦見彼一切世界에 一一各有佛刹微塵數

세계   종종제반   종종임지   종종형상   종종
世界의 種種際畔과 種種任持와 種種形狀과 種種

체성   종종안포   종종장엄   종종청정   종종
體性과 種種安布와 種種莊嚴과 種種淸淨과 種種

장엄운   이부기상
莊嚴雲으로 而覆其上과

"또한 저 모든 세계마다 각각 부처님 세계의 미진수

세계가 있어서 갖가지 경계 선이며, 갖가지 유지함이며, 갖가지 형상이며, 갖가지 체성이며, 갖가지 펼쳐짐이며, 갖가지 장엄이며, 갖가지 청정함이며, 갖가지 장엄 구름이 그 위에 덮이었음을 봅니다."

種種劫名과 種種佛興과 種種三世와 種種方處와 種種住法界와 種種入法界와 種種住虛空과

"갖가지 겁의 이름이며, 갖가지 부처님이 출현하심이며, 갖가지 세 세상이며, 갖가지 처소며, 갖가지 법계에 머무름이며, 갖가지 법계에 들어감이며, 갖가지 허공에 머무름을 봅니다."

種種如來菩提場과 種種如來神通力과 種種如來獅子座와 種種如來大衆海와 種種如來衆差別

종종여래교방편
과 **種種如來巧方便**과

"갖가지 여래의 보리도량이며, 갖가지 여래의 신통한 힘이며, 갖가지 여래의 사자좌며, 갖가지 여래의 대중 바다며, 갖가지 여래의 대중 차별이며, 갖가지 여래의 교묘한 방편을 봅니다."

　　　　　종종여래전법륜　　종종여래묘음성　　종종
種種如來轉法輪과 **種種如來妙音聲**과 **種種**

여래언설해　　종종여래계경운　　　　기견시이
如來言說海와 **種種如來契經雲**이러라 **既見是已**에

기심청정　　생대환희
其心淸淨하야 **生大歡喜**하니라

"갖가지 여래의 법륜을 굴림이며, 갖가지 여래의 묘한 음성이며, 갖가지 여래의 말씀 바다며, 갖가지 여래의 경전 구름을 봅니다. 이러한 것들을 보고는 그 마음이 청정하여서 크게 환희하였습니다."

전륜성왕의 딸이 바친 장엄구에서 온갖 현상이 펼쳐짐을

보게 되고, 그 외에도 일체 모든 세간의 임금들을 보는 등 이 세상 모든 것을 보지 아니함이 없었다. 흔히 말하는 하나의 먼지 속에 시방세계가 모두 포함되어 있다는 사사무애事事無礙와 호상원융互相圓融의 이치가 그대로 다 표현되었다.

10) 여래의 경전 설하심을 듣고 큰 이익을 얻다

〈1〉 삼매의 이익

보지보염묘덕당왕여래   위설수다라   명
普智寶焰妙德幢王如來가 **爲說修多羅**하시니 **名**

일체여래전법륜   십불찰미진수수다라   이
一切如來轉法輪이라 **十佛刹微塵數修多羅**로 **而**

위권속
爲眷屬이어늘

"보지보염묘덕당왕普智寶焰妙德幢王 여래께서 수다라를 설하시니 이름이 일체여래전법륜이며, 열 세계의 미진수 수다라로 권속이 되었습니다."

그때 여래께서 설하신 경전의 이름은 일체여래전법륜一切

如來轉法輪이다. 이 경전의 이름을 보면 일체 여래가 설하신 모든 경전의 온갖 중요한 뜻을 다 담고 있다는 것이다. 주야신 선지식의 전신인 전륜왕의 딸이 이 경전을 듣고 앞으로 얻게 될 법과 성취하게 될 공덕을 짐작하게 한다.

시피여인 문차경이 즉득성취십천삼매
時彼女人이 **聞此經已**하고 **則得成就十千三昧**
문 기심유연 무유추강 여초수태 여
門하니 **其心柔軟**하야 **無有麤強**이 **如初受胎**하며 **如**
시탄생 여사라수 초시생아 피삼매심
始誕生하며 **如娑羅樹**의 **初始生芽**하야 **彼三昧心**도
역부여시
亦復如是하니

"이때 그 여인이 이 경을 듣고 십천 가지 삼매문을 성취하니 그 마음이 유연하여 억세지 않은 것이 마치 태胎에 처음 든 듯하며, 처음으로 태어난 듯하며, 사라나무의 싹이 처음 나는 듯하여 그 삼매의 마음도 또한 그와 같았습니다."

所謂現見一切佛三昧와 普照一切刹三昧와 入
一切三世門三昧와 說一切佛法輪三昧와 知一
切佛願海三昧와 開悟一切衆生하야 令出生死苦
三昧와

"이른바 모든 부처님을 환하게 보는 삼매와, 모든 세계를 널리 비추는 삼매와, 모든 세 세상 문에 들어가는 삼매와, 모든 부처님의 법륜을 말하는 삼매와, 모든 부처님의 서원 바다를 아는 삼매와, 모든 중생을 깨우쳐 생사의 괴로움에서 벗어나게 하는 삼매와,

常願破一切衆生暗三昧와 常願滅一切衆生
苦三昧와 常願生一切衆生樂三昧와 敎化一切

衆生호대 不生疲厭三昧와 一切菩薩無障礙幢三昧와 普詣一切淸淨佛刹三昧라 得如是等十千三昧已하니라

　모든 중생의 캄캄함을 항상 깨뜨리려는 삼매와, 모든 중생의 괴로움을 없애려는 삼매와, 모든 중생의 즐거움을 내려는 삼매와, 모든 중생을 교화하면서 고달픈 생각을 내지 않는 삼매와, 모든 보살의 걸림 없는 당기 삼매와, 모든 청정한 부처님 세계에 두루 나아가는 삼매이니, 이와 같은 십천 삼매를 얻었습니다."

　부처님으로부터 일체여래전법륜一切如來轉法輪이라는 경전 설하심을 듣고 얻은 삼매를 낱낱이 열거하였다. 경전 이름에 따른 내용과 같이 법문을 듣고 얻은 삼매도 수승하고 뛰어나며 그 숫자도 대단히 많다.

〈2〉 큰 마음의 이익

復_부得_득妙_묘定_정心_심과 不_부動_동心_심과 歡_환喜_희心_심과 安_안慰_위心_심과 廣_광大_대心_심과 順_순善_선知_지識_식心_심과 緣_연甚_심深_심一_일切_체智_지心_심과 住_주廣_광大_대方_방便_편海_해心_심과

"또한 미묘한 선정의 마음과, 흔들리지 않는 마음과, 환희하는 마음과, 편안히 위로하는 마음과, 광대한 마음과, 선지식을 순종하는 마음과, 깊고 깊은 일체 지혜를 반연하는 마음과, 광대한 방편 바다에 머무는 마음과,

捨_사離_리一_일切_체執_집着_착心_심과 不_부住_주一_일切_체世_세間_간境_경界_계心_심과 入_입如_여來_래境_경界_계心_심과 普_보照_조一_일切_체色_색海_해心_심과 無_무惱_뇌害_해心_심과 無_무高_고倨_거心_심과 無_무疲_피倦_권心_심과 無_무退_퇴轉_전心_심과

모든 집착을 버리는 마음과, 모든 세간의 경계에 머

물지 않는 마음과, 여래의 경계에 들어가는 마음과, 모든 빛깔 바다를 비추는 마음과, 시끄러움이 없는 마음과, 거만함이 없는 마음과, 게으름이 없는 마음과, 물러나지 않는 마음과,

無懈怠心과 思惟諸法自性心과 安住一切法門海心과 觀察一切法門海心과 了知一切衆生海心과 救護一切衆生海心과 普照一切世界海心과

게으르지 않은 마음과, 모든 법의 성품을 생각하는 마음과, 모든 법문 바다에 편안히 머무는 마음과, 모든 법문 바다를 관찰하는 마음과, 모든 중생 바다를 잘 아는 마음과, 모든 중생 바다를 구호하는 마음과, 모든 세계 바다를 두루 비추는 마음과,

보생일체불원해심　실파일체장산심　적집
普生一切佛願海心과 **悉破一切障山心**과 **積集**

복덕조도심　　현견제불십력심　　보조보살경
福德助道心과 **現見諸佛十力心**과 **普照菩薩境**

계심　증장보살조도심　변연일체방해심
界心과 **增長菩薩助道心**과 **徧緣一切方海心**하니라

　모든 부처님의 서원 바다를 두루 내는 마음과, 모든 장애의 산을 깨뜨리는 마음과, 복덕을 쌓아서 도道를 돕는 마음과, 모든 부처님의 열 가지 힘을 보는 마음과, 보살의 경계를 두루 비추는 마음과, 보살의 도를 돕는 것을 늘게 하는 마음과, 모든 방편 바다를 두루 반연하는 마음을 얻었습니다."

　전륜왕의 딸이 부처님으로부터 일체여래전법륜이라는 경전을 듣고는 부처님과 보살마하살들이 지닐 수 있는 일체 수승하고 뛰어난 마음을 모두 얻었음을 낱낱이 밝혔다.

〈3〉 큰 서원의 이익

一心思惟普賢大願하야 發一切如來十佛刹微
塵數願海호대

"보현보살의 큰 서원을 일심으로 생각하여 일체 여래의 열 세계 미진수 서원 바다를 발하였습니다."

여래가 설하신 법문을 듣고 서원을 세우지 않는다면 불자라 할 수 없고 보살이라 할 수 없다. 그러므로 모든 불자는 법문을 들으면 반드시 훌륭한 서원을 세워서 서원대로 사는 것이 올바른 길이다. 전륜왕의 딸은 여래께서 경전 설하심을 듣고는 보현보살의 큰 서원을 깊이 생각하고 스스로 일체 여래의 무수한 서원을 세우게 되었음을 밝혔다.

보현보살의 큰 서원이란 무엇인가. 모든 사람 모든 생명을 부처님으로 예경하는 것이며, 모든 사람 모든 생명을 부처님으로 찬탄하는 것이며, 모든 사람 모든 생명을 부처님으로 받들어 공양하는 것이며, 자신의 업장과 다른 사람의 업장까지 참회하는 것이며, 모든 사람 모든 생명의 공덕을 따라 기뻐하는 것이며, 누구에게든지 법문 설해 줄 것을 청하는 것이며, 모든 사람 모든 생명이 오래 건강하게 살기를 청하고 돕고 보살피는 것이며, 항상 부처님의 가르침을 따라 배우는 것이며, 항상 중생들을 수순하는 것이며, 위와 같은 모든 서원을 닦아 널리 회향하는 것이다.

願嚴淨一切佛國_{하며} 願調伏一切衆生_{하며} 願編知一切法界_{하며}

"모든 부처님 국토를 청정하게 장엄하기를 서원하며, 일체 중생을 조복하기를 서원하며, 일체 법계를 두루 알기를 서원하였습니다."

願普入一切法界海_{하며} 願於一切佛刹_에 盡未來際劫_{토록} 修菩薩行_{하며} 願盡未來際劫_{토록} 不捨

일체보살행   원득친근일체여래
一切菩薩行하며 願得親近一切如來하며

"온갖 법계 바다에 들어가기를 서원하며, 모든 부처님 세계에서 오는 세월이 끝나도록 모든 보살의 행을 닦기를 서원하며, 오는 세월이 끝나도록 모든 보살행을 버리지 않기를 서원하며, 모든 여래를 친근하기를 서원하였습니다."

원득승사일체선우   원득공양일체제불
願得承事一切善友하며 願得供養一切諸佛하며

원어염념중   수보살행   증일체지   무유간
願於念念中에 修菩薩行하야 增一切智하야 無有間

단   발여시등십불찰미진수원해   성취
斷하야지이다 發如是等十佛刹微塵數願海하야 成就

보현소유대원
普賢所有大願이라니

"모든 선지식을 받들어 섬기기를 서원하며, 일체 모든 부처님께 공양하기를 서원하며, 잠깐잠깐마다 보살의 행을 닦고 온갖 지혜를 늘게 하여 간단함이 없기를

서원하였습니다. 이와 같은 열 세계의 미진수 서원 바다를 세워서 보현보살이 세운 큰 서원을 성취하려 하였습니다."

시피여래　　부위기녀　　개시연설발심이래
時彼如來가 **復爲其女**하사 **開示演說發心已來**

소집선근　　소수묘행　　소득대과　　영기개오
所集善根과 **所修妙行**과 **所得大果**하사 **令其開悟**

　　성취여래소유원해　　일심취향일체지위
하야 **成就如來所有願海**하야 **一心趣向一切智位**
케하시니라

"그때에 저 여래께서는 그 여인을 위하여 발심한 뒤부터 모은 착한 뿌리와 닦은 묘한 행과 얻은 결과를 연설하여 보여 주었으며, 그로 하여금 깨달아서 여래의 서원 바다를 성취하며, 일심으로 온갖 지혜의 지위에 나아가게 하였습니다."

전륜성왕의 딸이 부처님으로부터 법문을 듣고 크나큰 서원을 세우니 여래께서는 다시 그를 위하여 자신이 발심한 뒤부터 모은 선근과 닦은 묘한 행과 얻은 결과를 연설하여 보여 주었으며, 그로 하여금 깨달아서 여래의 서원 바다를 성취하며, 일심으로 온갖 지혜의 지위에 나아가게 하였다.

11〉 발심의 시초를 말하다

善男子_야 復於此前_에 過十大劫_{하야} 有世界_{하니}
(선남자 부어차전   과십대겁   유세계)

名曰輪光摩尼_요 佛號_는 因陀羅幢妙相_{이라}
(명왈륜광마니 불호 인다라당묘상)

"선남자여, 또 이보다 열 대겁大劫 전에 세계가 있었으니 이름이 햇빛 마니요, 부처님 명호는 인다라당묘상因陀羅幢妙相이었습니다."

此妙眼女_가 於彼如來遺法之中_에 普賢菩薩_이
(차묘안녀 어피여래유법지중 보현보살)

勸其修補蓮華座上故壞佛像_{이어늘} 旣修補已_에
(권기수보연화좌상고괴불상   기수보이)

이 부 채 화　　기 채 화 이　부 보 장 엄　　발 아 뇩 다
而復彩畵하며 **旣彩畵已**에 **復寶莊嚴**하고 **發阿耨多**

라 삼 먁 삼 보 리 심
羅三藐三菩提心하니라

"이 묘안妙眼이라는 딸은 저 여래의 남기신 교법 중에서 보현보살의 권고로 연꽃 자리에 있는 낡은 불상을 보수하였고, 이미 보수하고는 또 채색을 올렸으며, 채색하고는 다시 보배로 장엄하고, 아뇩다라삼먁삼보리심을 발하였습니다."

보구중생묘덕주야신 선지식의 전신인 전륜성왕의 딸 묘안妙眼 공주는 스스로 열 겁 전 인다라당묘상因陀羅幢妙相 부처님 시절에 보현보살의 권유를 받아서 낡은 불상을 보수하고 채색하며 보배로 장엄한 인연으로 보리심을 발하게 되었다는 이야기를 하였다.

선 남 자　　아 념 과 거　　유 보 현 보 살 선 지 식 고
善男子야 **我念過去**에 **由普賢菩薩善知識故**로

種此善根_{하야} 從是已來_로 不墮惡趣_{하고} 常於一切天王人王種族中生_{하야} 端正可喜_요 衆相圓滿_{하야} 令人樂見_{이라}

"선남자여, 제가 생각하니 과거에 보현보살 선지식을 만났으므로 이 착한 뿌리를 심었으며, 그 후부터 나쁜 길에 떨어지지 않고 항상 일체 천왕이나 인왕의 족성 가운데에 태어나는데, 단정하고 화평하고 모든 모습이 원만하여 보는 이들이 기뻐하였습니다."

常見於佛_{하며} 常得親近普賢菩薩_{하야} 乃至於今_히 示導開悟_{하야} 成熟於我_{하야} 令生歡喜_{케하시니라}

"부처님을 항상 뵈옵고 보현보살을 항상 친근하였으며, 지금까지도 나를 지도하고 깨우치고 성숙하게 하여 환희심을 내게 하십니다."

보구중생묘덕주야신 선지식은 과거 오랜 세월에 수많은 부처님을 만나고 수많은 보살과 선지식을 만났으나 반드시 기록하고 싶은 선지식으로는 보현보살임을 들었다. 불교는 보살행이 최종 목적이며 보살행으로는 그 어떤 것보다 보현보살의 행원을 가장 높이 받들고 있음을 거듭 드러내었다. 그래서 보현보살을 여래의 장자라 하는 것이다.

12) 고금의 일을 모아서 해석하다

善男子야 **於意云何**오 **爾時毘盧遮那藏妙寶蓮華髻轉輪聖王者**는 **豈異人乎**아 **今彌勒菩薩**이 **是**요 **時**에 **王妃圓滿面者**는 **寂靜音海夜神**이 **是**니 **今所住處**가 **去此不遠**이요

"선남자여, 어떻게 생각합니까. 그때의 비로자나장묘보연화계전륜성왕은 다른 이가 아니라 지금의 미륵

보살이시고, 그대의 원만면圓滿面 왕비는 적정음해야신 寂靜音海夜神이니, 지금 머무는 곳이 여기서 멀지 아니합 니다."

時에 妙德眼童女者는 即我身이 是니 我於彼時
에 身爲童女러니 普賢菩薩이 勸我修補蓮華座像하야
以爲無上菩提因緣하야 令我發於阿耨多羅三藐
三菩提心이어늘 我於彼時에 初始發心호라

"그때의 묘덕안동녀妙德眼童女는 곧 저의 몸이니, 저는 그때 몸이 동녀로서 보현보살의 권고를 받고 연꽃 자리 위에 있는 불상을 보수한 것이 위없는 보리의 인연이 되어 저로 하여금 아뇩다라삼먁삼보리심을 발하게 하였 으니 저는 그때에 처음으로 발심하였습니다."

미륵보살의 전신과 다음에 등장할 적정음해주야신 선지

식의 전신과 현재의 선지식인 보구중생묘덕주야신, 즉 자신의 전신을 낱낱이 밝혔다. 이와 같이 모든 사람 모든 생명은 거듭거듭 반복해서 다시 태어난다. 다만 환생이 누구인지 확인이 된 사람이 있고 안 된 사람이 있는 것의 차이가 있을 뿐이다. 모든 사람 모든 생명은 생을 거듭할수록 더 학습하고 더 진보하기 위해서 태어나는 것이다.

차 부 인 도　　영 아 득 견 묘 덕 당 불　　해 신 영
次復引導하야 令我得見妙德幢佛이어늘 解身瓔
락　　산 불 공 양　　견 불 신 력　　문 불 설 법　　즉
珞하야 散佛供養하며 見佛神力하며 聞佛說法하고 卽
득 보 살 보 현 일 체 세 간 조 복 중 생 해 탈 문
得菩薩普現一切世間調伏衆生解脫門하야

"다음에 또 보현보살은 나를 인도하여 묘덕당 부처님을 보게 하였는데 몸의 영락을 끌러서 부처님께 흩어 공양하고, 부처님의 신통한 힘을 보며 부처님의 설법을 들었고, 즉시 보살이 모든 세계에 두루 나타나서 중생을 조복하는 해탈문을 얻었습니다."

於念念中에 見須彌山微塵數佛하며 亦見彼佛

道場衆會와 淸淨國土하야 我皆尊重하야 恭敬供養

하며 聽聞說法하고 依敎修行호라

"생각 생각마다 수미산 미진수 부처님을 보기도 하고, 또한 그 부처님의 도량에 모인 대중과 청정한 국토를 보기도 하였는데, 저는 모두 존중하고 공경하고 공양하였으며, 법문을 듣고 가르치신 대로 의지하여 닦아 행하였습니다."

13) 부처님 회상에서 수행하다

〈1〉 여러 부처님을 섬기며 수행한 일

善男子야 過彼毘盧遮那大威德世界圓滿淸

淨劫已에 次有世界하니 名寶輪妙莊嚴이요 劫名大

光이니 有五百佛이 於中出現이이시늘 我皆承事하야 恭敬供養호니

"선남자여, 저 비로자나 대위덕 세계의 원만하고 청정한 겁을 지내고 나서 다음에 세계가 있으니 이름이 '보배 바퀴 묘한 장엄'이며, 겁의 이름은 '큰 광명'이니, 오백 부처님이 거기서 출현하셨는데, 저는 모두 받들어 섬기고 공경하고 공양하였습니다."

其最初佛은 名大悲幢이니 初出家時에 我爲夜神하야 恭敬供養하며

"그 최초의 부처님은 이름이 대비당大悲幢이시니, 처음 출가하실 적에 저는 밤 맡은 신이 되어 공경하며 공양하였습니다."

次有佛出하니 名金剛那羅延幢이니 我爲轉輪
王하야 恭敬供養한대 其佛이 爲我說修多羅하시니 名
一切佛出現이니 十佛刹微塵數修多羅로 以爲眷
屬이며

"그 다음에 부처님이 출현하시니 이름이 금강나라연당金剛那羅延幢이시라, 저는 전륜왕이 되어 공경하고 공양하였으며, 그 부처님이 저에게 경經을 말씀하시니 이름이 일체불출현一切佛出現이었습니다. 열 세계의 미진수 경으로 권속이 되었습니다."

次有佛出하니 名金剛無礙德이니 我於彼時에 爲
轉輪王하야 恭敬供養한대 其佛이 爲我하야 說修多

라　　　명보조일체중생근　　수미산미진수수
羅하시니 名普照一切衆生根이니 須彌山微塵數修

다라　　이위권속　　　아개수지
多羅로 而爲眷屬이어늘 我皆受持하며

"다음에 또 부처님이 출현하시니 이름이 금강무애덕金剛無礙德이시라, 저는 그때에 전륜왕이 되어 공경하고 공양하였으며, 그 부처님이 저에게 경을 말씀하시니 이름이 보조일체중생근普照一切衆生根이었습니다. 수미산 미진수 경經으로 권속이 되었는데 제가 다 받아 가졌습니다."

　　　　　　차 유 불 출　　　명 화 염 산 묘 장 엄　　　아 어 피 시
　　　　　　次有佛出하니 名火焰山妙莊嚴이니 我於彼時에

위 장 자 녀　　　기 불　　위 아　　　설 수 다 라　　　　　명 보
爲長者女러니 其佛이 爲我하야 說修多羅하시니 名普

조 삼 세 장　　　염 부 제 미 진 수 수 다 라　　　이 위 권 속
照三世藏이니 閻浮提微塵數修多羅로 而爲眷屬

　　　아 개 청 문　　　여 법 수 지
이어늘 我皆聽聞하고 如法受持하며

"다음에 또 부처님이 출현하시니 이름이 화염산묘장

엄火焰山妙莊嚴이시라, 저는 그때에 장자의 딸이 되었고, 그 부처님이 저에게 경을 말씀하시니 이름이 보조삼세장普照三世藏이었습니다. 염부제의 미진수 경으로 권속이 되었는데 제가 모두 듣고 법과 같이 받아 가졌습니다."

次有佛出하니 名一切法海高勝王이니 我爲阿修羅王하야 恭敬供養한대 其佛이 爲我하야 說修多羅하시니 名分別一切法界니 五百修多羅로 而爲眷屬이어늘 我皆聽聞하고 如法受持하며

"다음에 또 부처님이 출현하셨으니 이름이 일체법해고승왕一切法海高勝王이시라, 저는 아수라왕이 되어 공경하고 공양하였으며, 그 부처님이 저에게 경을 말씀하시니 이름이 분별일체법계分別一切法界였습니다. 오백 경전으로 권속이 되었는데 제가 모두 듣고 법과 같이 받아 가졌습니다."

차유불출　　　명해악법광명　　　아위용왕녀
次有佛出하니 **名海嶽法光明**이니 **我爲龍王女**하야

우여의마니보운　　　　이위공양　　　기불　위아
雨如意摩尼寶雲하야 **而爲供養**한대 **其佛**이 **爲我**하야

설수다라　　　명증장환희해　　　백만억수다라
說修多羅하시니 **名增長歡喜海**니 **百萬億修多羅**로

이위권속　　　아개청문　　　여법수지
而爲眷屬이어늘 **我皆聽聞**하고 **如法受持**하며

"다음에 또 부처님이 출현하셨으니 이름이 해악법광명海嶽法光明이시라, 저는 용왕의 딸이 되어 여의마니보배구름을 내려 공양하였으며, 그 부처님이 저에게 경을 말씀하시니 이름이 증장환희해增長歡喜海였습니다. 백만억 경전으로 권속이 되었는데 제가 모두 듣고 법과 같이 받아 가졌습니다."

차유불출　　　명보염산등　　아위해신　　우
次有佛出하니 **名寶焰山燈**이니 **我爲海神**하야 **雨**

보연화운　　　공경공양　　　기불　위아　　설수
寶蓮華雲하야 **恭敬供養**한대 **其佛**이 **爲我**하야 **說修**

多羅하시니 名法界方便海光明이니 佛刹微塵數修多羅로 而爲眷屬이어늘 我皆聽聞하고 如法受持하며

"다음에 또 부처님이 출현하셨으니 이름이 보염산등寶焰山燈이시라, 저는 바다 맡은 신이 되어 보배 연꽃 구름을 내려 공경하고 공양하였으며, 그 부처님이 저에게 경을 말씀하시니 이름이 법계방편해광명法界方便海光明이었습니다. 부처님 세계의 미진수 경으로 권속이 되었는데 제가 모두 듣고 법과 같이 받아 가졌습니다."

次有佛出하니 名功德海光明輪이니 我於彼時에 爲五通仙하야 現大神通하고 六萬諸仙이 前後圍繞하야 雨香華雲하야 而爲供養한대 其佛이 爲我하야 說修多羅하시니 名無着法燈이니 六萬修多羅로 而爲

眷屬_{이어늘} 我皆聽聞_{하고} 如法受持_{하며}

"다음에 또 부처님이 출현하셨으니 이름이 공덕해광명륜功德海光明輪이시라, 저는 그때 오통선인五通仙人이 되어 큰 신통을 나타내었으며, 육만 신선들이 앞뒤로 호위하였고 향기 꽃 구름을 내려 공양하였으며, 그 부처님이 저에게 경을 말씀하시니 이름이 무착법등無着法燈이었습니다. 육만 경으로 권속이 되었는데 제가 모두 듣고 법과 같이 받아 가졌습니다."

次有佛出_{하니} 名毘盧遮那功德藏_{이요} 我於彼時_에 爲主地神_{하니} 名出生平等義_니 與無量地神_{으로} 俱_{하야} 雨一切寶樹_와 一切摩尼藏_과 一切寶瓔珞雲_{하야} 而爲供養_{한대} 其佛_이 爲我_{하야} 說修多羅_{하시니}

名_명出_출生_생一_일切_체如_여來_래智_지藏_장이니 無_무量_량修_수多_다羅_라로 而_이爲_위眷_권屬_속이어늘 我_아皆_개聽_청聞_문하고 受_수持_지不_불忘_망호라

"다음에 또 부처님이 출현하셨으니 이름이 비로자나공덕장毘盧遮那功德藏이시라, 저는 그때 땅 맡은 신이 되었는데 이름이 출생평등의出生平等義였습니다. 한량없는 땅 맡은 신과 함께 모든 보배 나무와 모든 마니 창고와 모든 보배 영락 구름을 내려 공양하였으며, 그 부처님이 저에게 경을 말씀하시니 이름이 출생일체여래지장出生一切如來智藏이었습니다. 한량없는 경으로 권속이 되었는데 제가 모두 듣고 받아 가지어 잊지 않았습니다."

수많은 부처님이 출현하실 때마다 일일이 따라 태어나서 자신이 할 수 있는 역할을 하고 공양 공경하며, 또한 부처님으로부터 경법을 듣고 여법하게 받아 가지게 되었다는 오랜 역사를 다 밝혔다.

三十九. 입법계품入法界品 11

〈2〉 최후의 부처님을 섬기며 수행한 일

善男子야 如是次第로 其最後佛이 名充滿虛空
法界妙德燈이요 我爲妓女하니 名曰美顔이라 見佛
入城하고 歌舞供養할새 承佛神力하야 踊在空中하야
以千偈頌으로 讚歎於佛한대

"선남자여, 이와 같이 차례로 최후에 나신 부처님은 이름이 충만허공법계묘덕등充滿虛空法界妙德燈이시니, 저는 기생이 되어 이름이 '예쁜 얼굴[美顔]'이었는데 부처님이 성城 안에 들어오심을 뵈옵고 노래와 춤으로 공양하였으며, 부처님의 신통을 받들어 공중에 솟아 올라가서 일천 게송으로 부처님을 찬탄하였습니다."

佛爲於我하사 放眉間光하시니 名莊嚴法界大光

명 　　 변 촉 아 신 　　 아 몽 광 이 　　 즉 득 해 탈 문
明이라 **徧觸我身**이어늘 **我蒙光已**하고 **卽得解脫門**호니

명 법 계 방 편 불 퇴 장
名法界方便不退藏이니라

 "부처님은 저를 위하여 미간으로 광명을 놓으니 이름이 '법계를 장엄하는 큰 광명'이었습니다. 저의 몸에 두루 닿게 하며 저는 그 광명을 받고 곧바로 해탈문을 얻었으니, 이름이 '법계의 방편에서 물러나지 않는 창고[藏]'였습니다."

 수많은 부처님이 출현하실 때마다 일일이 따라 태어나서 공경 공양하며 경전 설하심을 듣고 다 받아 지니었다. 이제 최후의 부처님이 출현하셨을 때 기생이 되어 부처님을 위해 노래와 춤으로 공양하였으며, 부처님의 신통을 받들어 공중에 솟아 올라가서 일천 게송으로 부처님을 찬탄하였고, 또 부처님의 광명을 받고는 해탈문을 얻었다는 이야기이다.

<small>선남자 차세계중 유여시등불찰미진수</small>
善男子야 **此世界中**에 **有如是等佛刹微塵數**

<small>겁   일체여래   어중출현   아개승사</small>
劫하야 **一切如來**가 **於中出現**이어시늘 **我皆承事**하야

<small>공경공양</small>
恭敬供養하고

"선남자여, 이 세계에는 이와 같은 부처님 세계의 미진수 겁이 있었고, 모든 여래가 그 가운데 출현하시는 것을 제가 모두 받들어 섬기고 공경하고 공양하였습니다."

<small>피제여래   소설정법   아개억념   내지불</small>
彼諸如來의 **所說正法**을 **我皆憶念**하야 **乃至不**

<small>망일문일구</small>
忘一文一句하며

"저 모든 여래께서 말씀하신 바른 법을 제가 다 기억하여 한 글자 한 구절도 잊지 아니하였습니다."

어 피 일 일 제 여 래 소   칭 양 찬 탄 일 체 불 법
於彼一一諸如來所에 **稱揚讚歎一切佛法**하고

위 무 량 중 생   광 작 이 익
爲無量衆生하야 **廣作利益**하며

"저 낱낱 모든 여래의 계신 데마다 모든 불법을 칭양하고 찬탄하여 한량없는 중생에게 널리 이익을 지었습니다."

어 피 일 일 제 여 래 소   득 일 체 지 광 명   현 삼
於彼一一諸如來所에 **得一切智光明**하야 **現三**

세 법 계 해   입 일 체 보 현 행
世法界海하야 **入一切普賢行**호라

"저 낱낱 모든 여래의 처소에서 일체 지혜의 광명을 얻고 세 세상의 법계 바다에 나타나서 모든 보현의 행에 들어갔습니다."

선 남 자   아 의 일 체 지 광 명 고   어 염 념 중   견
善男子야 **我依一切智光明故**로 **於念念中**에 **見**

無量佛하고 旣見佛已에 先所未得과 先所未見인 普賢諸行을 悉得成滿호니 何以故오 以得一切智光明故니라

"선남자여, 저는 일체 지혜의 광명을 의지하였으므로 잠깐잠깐마다 한량없는 부처님을 뵈올 수 있었으며, 이미 부처님을 뵙고는 예전에 얻지 못하고 예전에 보지 못하던 보현의 모든 행을 다 만족하게 성취하였으니, 그 까닭은 일체 지혜의 광명을 얻은 연고입니다."

이와 같은 부처님 세계의 미진수 겁이 있었고, 모든 여래가 그 가운데 출현하시는 것을 모두 받들어 섬기고 공경하고 공양하였으며, 예전에 얻지 못하고 예전에 보지 못하던 보현의 모든 행을 다 만족하게 성취하였다. 그 까닭은 일체 지혜의 광명을 얻었기 때문이라고 하였다.

불법은 무수한 세월 이전이나 무수한 세월 이후나 지금이나 언제나 모든 사람 모든 생명을 부처님으로 받들어 섬

기면서 공경 공양하고 존중 찬탄하는 일 밖에 다른 일이 없다. 모든 사람 모든 생명을 부처님으로 받들어 섬김으로써 일체 문제를 다 해결하여 자신도 행복하고 상대도 행복하여 모두가 행복하고 평화롭게 사는 길을 제시하는 것이다.

3) 보구중생묘덕주야신이 게송으로 거듭 설하다

(1) 법을 들어 듣기를 권하다

이 시   보 구 중 생 야 신   욕 중 명 차 해 탈 의
爾時에 **普救衆生夜神**이 **欲重明此解脫義**하야

승 불 신 력   위 선 재 동 자   이 설 송 언
承佛神力하사 **爲善財童子**하야 **而說頌言**하사대

그때에 보구중생묘덕주야신이 이 해탈의 뜻을 거듭 밝히려고 부처님의 신통한 힘을 받들어 선재동자를 위하여 게송으로 말하였습니다.

선 재 청 아 설   심 심 난 견 법
善財聽我說하라   **甚深難見法**이

보 조 어 삼 세
普照於三世 　　　일 체 차 별 문
一切差別門이니라

선재여, 저의 말을 들으소서.

매우 깊어 보기 어려운 법이

세 세상의 일체 차별한 문을

널리 비추고 있습니다.

여 아 초 발 심
如我初發心에 　　　전 구 불 공 덕
專求佛功德하야

소 입 제 해 탈
所入諸解脫을 　　　여 금 응 체 청
汝今應諦聽이어다

제가 처음 마음을 내고

오로지 부처님의 공덕을 구하여

들어갔던 모든 해탈을

그대는 자세히 들으십시오.

(2) 십지와 등각을 표한 110부처님의 출현

1〉 초지初地의 열 부처님

아 념 과 거 세
我念過去世에

과 찰 미 진 겁
過刹微塵劫하야

차 전 유 일 겁
次前有一劫하니

명 원 만 청 정
名圓滿淸淨이며

제가 생각하니 지나간 옛적 세계

미진수 겁을 지나

그 전에 겁이 있었으니

이름이 '원만하고 청정함'이며

시 시 유 세 계
是時有世界하니

명 위 변 조 등
名爲徧照燈이라

수 미 진 수 불
須彌塵數佛이

어 중 출 흥 세
於中出興世하시니

그때에 세계가 있었으니

이름이 '널리 비추는 등불'이라,

수미산 미진수 부처님이

그 세상에 출현하셨습니다.

초불명지염
初佛名智焰이요

차불명법당
次佛名法幢이요

제삼법수미
第三法須彌요

제사덕사자
第四德獅子요

첫 부처님은 이름이 지염불智焰佛이요

다음의 부처님은 법당불法幢佛이요

셋째는 법수미불法須彌佛이요

넷째는 덕사자불德獅子佛이며

제오적정왕
第五寂靜王이요

제육멸제견
第六滅諸見이요

제칠고명칭
第七高名稱이요

제팔대공덕
第八大功德이요

다섯째는 적정왕불寂靜王佛이요

여섯째는 멸제견불滅諸見佛이요

일곱째는 고명칭불高名稱佛이요

여덟째는 대공덕불大功德佛이며

제구명승일
第九名勝日이요

제십명월면
第十名月面이라

어차십불소
於此十佛所에

최초오법문
最初悟法門호라

아홉째는 승일불勝日佛이요

열째는 월면불月面佛이시니라.

이러한 열 부처님 계신 데서

처음으로 법문을 깨달았습니다.

2) 제2지의 열 부처님

종차후차제
從此後次第로

부유십불출
復有十佛出하시니

초명허공처
初名虛空處요

제이명보광
第二名普光이요

이후부터 차례차례로

열 부처님이 나시었으니

제1은 허공처불虛空處佛이요

제2는 보광불普光佛이요

삼 명 주 제 방
三名住諸方이요

사 명 정 념 해
四名正念海요

오 명 고 승 광
五名高勝光이요

육 명 수 미 운
六名須彌雲이요

제3은 주제방불住諸方佛이요

제4는 정념해불正念海佛이요

제5는 고승광불高勝光佛이요

제6은 수미운불須彌雲佛이며

칠 명 법 염 불
七名法焰佛이요

팔 명 산 승 불
八名山勝佛이요

구 명 대 비 화
九名大悲華요

십 명 법 계 화
十名法界華라

제7은 법염불法焰佛이요

제8은 산승불山勝佛이요

제9는 대비화불大悲華佛이요

제10은 법계화불法界華佛이시라.

차 십 출 현 시
此十出現時에

제 이 오 법 문
第二悟法門호라

열 부처님이 출현하시는 때에

두 번째 법문을 깨달았습니다.

3〉 제3지의 열 부처님

종 차 후 차 제
從此後次第로

부 유 십 불 출
復有十佛出하시니

제 일 광 당 불
第一光幢佛이요

제 이 지 혜 불
第二智慧佛이요

그 후에도 차례차례

다시 열 부처님이 출현하셨으니

첫째는 광당불光幢佛이요

둘째는 지혜불智慧佛이요

제 삼 심 의 불
第三心義佛이요

제 사 덕 주 불
第四德主佛이요

제 오 천 혜 불
第五天慧佛이요

제 육 혜 왕 불
第六慧王佛이요

셋째는 심의불心義佛이요

넷째는 덕주불德主佛이요

다섯째는 천혜불天慧佛이요

여섯째는 혜왕불慧王佛이며

제 칠 승 지 불
第七勝智佛이요

제 팔 광 왕 불
第八光王佛이요

제 구 용 맹 불
第九勇猛佛이요

제 십 연 화 불
第十蓮華佛이라

일곱째는 승지불勝智佛이요

여덟째는 광왕불光王佛이요

아홉째는 용맹불勇猛佛이요

열째는 연화불蓮華佛이시니라.

어 차 십 불 소
於此十佛所에

제 삼 오 법 문
第三悟法門호라

이러한 열 부처님 계신 데서

세 번째 법문을 깨달았습니다.

4) 제4지의 열 부처님

종차후차제
從此後次第로

부유십불출
復有十佛出하시니

제일보염산
第一寶焰山이요

제이공덕해
第二功德海요

이 뒤에도 차례차례로

다시 열 부처님이 출현하시니

첫째는 보염산불寶焰山佛이요

둘째는 공덕해불功德海佛이며

제삼법광명
第三法光明이요

제사연화장
第四蓮華藏이요

제오중생안
第五衆生眼이요

제육향광보
第六香光寶요

셋째는 법광명불法光明佛이요

넷째는 연화장불蓮華藏佛이요

다섯째는 중생안불衆生眼佛이요

여섯째는 향광보불香光寶佛이며

칠 수 미 공 덕 **七須彌功德**이요	팔 건 달 바 왕 **八乾闥婆王**이요
제 구 마 니 장 **第九摩尼藏**이요	제 십 적 정 색 **第十寂靜色**이로다

일곱째는 수미공덕불須彌功德佛이요

여덟째는 건달바왕불乾闥婆王佛이요

아홉째는 마니장불摩尼藏佛이요

열째는 적정색불寂靜色佛이시니라.

5〉 제5지의 열 부처님

종 차 후 차 제 **從此後次第**로	부 유 십 불 출 **復有十佛出**하시니

초불광대지	차불보광명
初佛廣大智이요	**次佛寶光明**이요

이 뒤에 또 차례차례로

다시 열 부처님이 출현하시었으니

첫 부처님은 광대지불廣大智佛이요

다음 부처님은 보광명불寶光明佛이요

제삼허공운	제사수승상
第三虛空雲이요	**第四殊勝相**이요

제오원만계	제육나라연
第五圓滿戒요	**第六那羅延**이요

셋째는 허공운불虛空雲佛이요

넷째는 수승상불殊勝相佛이요

다섯째는 원만계불圓滿戒佛이요

여섯째는 나라연불那羅延佛이며

제칠수미덕	제팔공덕륜
第七須彌德이요	**第八功德輪**이요

제 구 무 승 당	제 십 대 수 산
第九無勝幢이요	**第十大樹山**이로다

일곱째는 수미덕불須彌德佛이요

여덟째는 공덕륜불功德輪佛이요

아홉째는 무승당불無勝幢佛이요

열째는 대수산불大樹山佛이시니라.

6〉 제6지의 열 부처님

종 차 후 차 제	부 유 십 불 출
從此後次第로	**復有十佛出**하시니

제 일 사 라 장	제 이 세 주 신
第一娑羅藏이요	**第二世主身**이요

이 다음에 또 차례차례로

다시 열 부처님이 출현하시었으니

제1은 사라장불娑羅藏佛이요

제2는 세주신불世主身佛이요

제삼고현광
第三高顯光이요

제사금강조
第四金剛照요

제오지위력
第五地威力이요

제육심심법
第六甚深法이요

제3은 고현광불高顯光佛이요

제4는 금강조불金剛照佛이요

제5는 지위력불地威力佛이요

제6은 심심법불甚深法佛이며

제칠법혜음
第七法慧音이요

제팔수미당
第八須彌幢이요

제구승광명
第九勝光明이요

제십묘보광
第十妙寶光이로다

제7은 법혜음불法慧音佛이요

제8은 수미당불須彌幢佛이요

제9는 승광명불勝光明佛이요

제10은 묘보광불妙寶光佛이시니라.

7〉 제7지의 열 부처님

종차후차제
從此後次第로

부유십불출
復有十佛出하시니

제일범광명
第一梵光明이요

제이허공음
第二虛空音이요

그 뒤에 또 차례차례로

열 부처님이 출현하시었으니

첫째는 범광명불梵光明佛이요

둘째는 허공음불虛空音佛이요

제삼법계신
第三法界身이요

제사광명륜
第四光明輪이요

제오지혜당
第五智慧幢이요

제육허공등
第六虛空燈이요

셋째는 법계신불法界身佛이요

넷째는 광명륜불光明輪佛이요

다섯째는 지혜당불智慧幢佛이요

여섯째는 허공등불虛空燈佛이며

제칠 미묘덕
第七微妙德이요

제팔 변조광
第八徧照光이요

제구 승복광
第九勝福光이요

제십 대비운
第十大悲雲이로다

일곱째는 미묘덕불微妙德佛이요

여덟째는 변조광불徧照光佛이요

아홉째는 승복광불勝福光佛이요

열째는 대비운불大悲雲佛이시니라.

8〉 제8지의 열 부처님

종차 후차제
從此後次第로

부유 십불출
復有十佛出하시니

제일 역광혜
第一力光慧요

제이 보현전
第二普現前이요

이 다음에 또 차례차례로

다시 열 부처님이 출현하셨으니

제1은 역광혜불力光慧佛이요

제2는 보현전불普現前佛이요

제 삼 고 현 광	제 사 광 명 신
第三高顯光이요	**第四光明身**이요

제 오 법 기 불	제 육 보 상 불
第五法起佛이요	**第六寶相佛**이요

제3은 고현광불高顯光佛이요

제4는 광명신불光明身佛이요

제5는 법기불法起佛이요

제6은 보상불寶相佛이며

제 칠 속 질 풍	제 팔 용 맹 당
第七速疾風이요	**第八勇猛幢**이요

제 구 묘 보 개	제 십 조 삼 세
第九妙寶蓋요	**第十照三世**로다

제7은 속질풍불速疾風佛이요

제8은 용맹당불勇猛幢佛이요

제9는 묘보개불妙寶蓋佛이요

제10은 조삼세불照三世佛이시니라.

9〉제9지의 열 부처님

종차후차제
從此後次第로

부유십불출
復有十佛出하시니

제일원해광
第一願海光이요

제이금강신
第二金剛身이요

이 다음에 또 차례차례로

다시 열 부처님이 출현하셨으니

제1은 원해광불願海光佛이요

제2는 금강신불金剛身佛이요

제삼수미덕
第三須彌德이요

제사염당왕
第四念幢王이요

제오공덕혜
第五功德慧요

제육지혜등
第六智慧燈이요

제3은 수미덕불須彌德佛이요

제4는 염당왕불念幢王佛이요

제5는 공덕혜불功德慧佛이요

제6은 지혜등불智慧燈佛이며

<small>제 칠 광 명 당</small>
第七光明幢이요　　<small>제 팔 광 대 지</small>
第八廣大智요

<small>제 구 법 계 지</small>
第九法界智요　　<small>제 십 법 해 지</small>
第十法海智로다

제7은 광명당불光明幢佛이요

제8은 광대지불廣大智佛이요

제9는 법계지불法界智佛이요

제10은 법해지불法海智佛이시니라.

10〉 제10지의 열 부처님

<small>종 차 후 차 제</small>
從此後次第로　　<small>부 유 십 불 출</small>
復有十佛出하시니

<small>초 명 보 시 법</small>
初名布施法이요　　<small>차 명 공 덕 륜</small>
次名功德輪이요

그 뒤에도 차례차례로

다시 열 부처님이 출현하시었으니

처음은 보시법불布施法佛이고

다음은 공덕륜불功德輪佛이요

삼 명 승 묘 운
三名勝妙雲이요

사 명 인 지 등
四名忍智燈이요

오 명 적 정 음
五名寂靜音이요

육 명 적 정 당
六名寂靜幢이요

셋째는 승묘운불勝妙雲佛이요

넷째는 인지등불忍智燈佛이요

다섯째는 적정음불寂靜音佛이요

여섯째는 적정당불寂靜幢佛이며

칠 명 세 간 등
七名世間燈이요

팔 명 심 대 원
八名深大願이요

구 명 무 승 당
九名無勝幢이요

십 명 지 염 해
十名智焰海로다

일곱째는 세간등불世間燈佛이요

여덟째는 심대원불深大願佛이요

아홉째는 무승당불無勝幢佛이요

열째는 지염해불智焰海佛이시니라.

11〉 등각의 열 부처님

종차후차제	부유십불출
從此後次第로	**復有十佛出**하시니

초불법자재	이불무애혜
初佛法自在요	**二佛無礙慧**요

이 뒤에도 차례차례로

다시 열 부처님이 출현하셨으니

처음 부처님은 법자재불法自在佛이고

둘째 부처님은 무애혜불無礙慧佛이며

삼명의해혜	사명중묘음
三名意海慧요	**四名衆妙音**이요

오명자재시	육명보현전
五名自在施요	**六名普現前**이요

셋째는 의해혜불意海慧佛이요

넷째는 중묘음불衆妙音佛이요

다섯째는 자재시불自在施佛이요

여섯째는 보현전불普現前佛이며

칠 명 수 락 신 팔 명 주 승 덕
七名隨樂身이요　**八名住勝德**이요

제 구 본 성 불 제 십 현 덕 불
第九本性佛이요　**第十賢德佛**이로다

일곱째는 수락신불隨樂身佛이요

여덟째는 주승덕불住勝德佛이요

아홉째는 본성불本性佛이요

열째는 현덕불賢德佛이시니라.

수 미 진 수 겁 차 중 소 유 불
須彌塵數劫에　**此中所有佛**이

보 작 세 간 등 아 실 증 공 양
普作世間燈이어늘　**我悉曾供養**하며

수미산 미진수 겁 동안에

그 가운데 출현하신 여러 부처님이

널리 세간의 등불이 되시니

제가 모두 일찍이 공양하였습니다.

불 찰 미 진 겁
佛刹微塵劫에

소 유 불 출 현
所有佛出現을

아 개 증 공 양
我皆曾供養하야

입 차 해 탈 문
入此解脫門호라

부처님 세계 미진수 겁에

그 가운데 출현하신 부처님들을

제가 다 일찍이 공양하고서

이제 이 해탈문에 들어갔습니다.

　보구중생묘덕주야신 선지식은 과거 생에서 무수한 겁 동안 무수한 부처님을 받들어 섬기면서 공경하고 공양하며, 법문을 듣고 큰 깨달음을 이루게 된 것을 일일이 밝혔다. 불법의 진실은 언제 누가 어디서 수행을 하더라도 모든 사람과 모든 생명을 부처님으로 받들어 섬기는 일 밖에 다른 것이 없다는 사실을 거듭거듭 밝힌 내용이다.

(3) 원인을 들어서 닦기를 권하다

아 어 무 량 겁　　　　　수 행 득 차 도
我於無量劫에　　　　　**修行得此道**호니

여 약 능 수 행　　　　　불 구 역 당 득
汝若能修行하면　　　　**不久亦當得**하리라

저는 한량없는 겁 동안

행을 닦아 이 도를 얻었습니다.

그대도 만약에 행을 닦으면

오래잖아 또한 마땅히 얻게 될 것입니다.

4) 자기는 겸손하고 다른 이의 수승함을 추천하다

선 남 자　아 유 지 차 보 살 보 현 일 체 세 간 조 복 중
善男子야 **我唯知此菩薩普現一切世間調伏衆**

생 해 탈　　　　여 제 보 살 마 하 살　집 무 변 행　　　생
生解脫이어니와 **如諸菩薩摩訶薩**은 **集無邊行**하며 **生**

종 종 해　　　현 종 종 신　　　구 종 종 근　　　만 종 종 원
種種解하며 **現種種身**하며 **具種種根**하며 **滿種種願**

하며 **入種種三昧**하며 **起種種神變**하며 **能種種觀察**
法하며 **入種種智慧門**하며 **得種種法光明**하나니 **而**
我云何能知能說彼功德行이리오

"선남자여, 저는 다만 보살이 온갖 세간에 나타나서 중생을 조복하는 해탈을 알 뿐이지만 모든 보살마하살은 그지없는 행을 닦아 모으며, 갖가지 이해를 내며, 갖가지 몸을 나타내며, 갖가지 뿌리를 갖추며, 갖가지 소원을 만족하며, 갖가지 삼매에 들어가며, 갖가지 신통변화를 일으키며, 갖가지 법을 관찰하며, 갖가지 지혜의 문에 들어가며, 갖가지 법의 광명을 얻었습니다. 그러나 제가 그 공덕의 행을 어찌 능히 알며 능히 말할 수 있겠습니까."

보구중생묘덕주야신 선지식은 지난 과거에 그와 같이 많고 많은 부처님을 친근하여 공경하고 공양하며 존중 찬탄하면서 법을 듣고 해탈을 성취하였으나 자신이 얻은 법은 매우 부족하고 다른 보살들의 법력은 수승하고 뛰어나므로 그와 같은 법은 자신으로서는 알 수 없는 경지라고 겸손하면서 다음의 선지식을 추천하였다.

5) 다음 선지식 찾기를 권유하다

善男子_야 去此不遠_에 有主夜神_{하니} 名寂靜音海_라 坐摩尼光幢莊嚴蓮華座_{하사} 百萬阿僧祇主夜神_이 前後圍繞_{하나니} 汝詣彼間_{호대} 菩薩_이 云何 學菩薩行_{이며} 修菩薩道_{리잇고하라} 時_에 善財童子_가 頂禮其足_{하며} 繞無數帀_{하며} 殷勤瞻仰_{하고} 辭退而去_{하니라}

"선남자여, 여기서 멀지 않은 곳에 주야신이 있으니 이름이 적정음해寂靜音海입니다. 마니 광명 당기 장엄 연꽃 자리[摩尼光幢莊嚴蓮華座]에 앉았으며, 백만 아승지 주야신이 앞뒤로 둘러싸고 있습니다. 그대는 그에게 가서 '보살이 어떻게 보살의 행을 배우며 보살의 도를 닦습니까?'라고 물으십시오." 그때에 선재동자는 그의 발에 엎드려 절하고 수없이 돌고 은근하게 앙모하면서 하직하고 물러갔습니다.

다음 선지식 찾기를 권유하면서 당부하는 말씀은 언제나 '보살이 어떻게 보살의 행을 배우며 보살의 도를 닦습니까?'라고 물으라는 것이다. 화엄경 80권 가운데 온전히 한 권이 보구중생묘덕주야신 선지식의 내용으로 이뤄졌다.

입법계품 11 끝

〈제70권 끝〉

華嚴經 構成表

分次	周次			內容	品數	會次
擧果勸樂生信分 (信)	所信因果周			如來依正	世主妙嚴品 第一 如來現相品 第二 普賢三昧品 第三 世界成就品 第四 華藏世界品 第五 毘盧遮那品 第六	初會
修因契果生解分 (解)	差別因果周	差別因		十信	如來名號品 第七 四聖諦品 第八 光明覺品 第九 菩薩問明品 第十 淨行品 第十一 賢首品 第十二	二會
				十住	昇須彌山頂品 第十三 須彌頂上偈讚品 第十四 十住品 第十五 梵行品 第十六 初發心功德品 第十七 明法品 第十八	三會
				十行	昇夜摩天宮品 第十九 夜摩天宮偈讚品 第二十 十行品 第二十一 十無盡藏品 第二十二	四會
				十廻向	昇兜率天宮品 第二十三 兜率宮中偈讚品 第二十四 十廻向品 第二十五	五會
				十地	十地品 第二十六	六會
				等覺	十定品 第二十七 十通品 第二十八 十忍品 第二十九 阿僧祇品 第三十 如來壽量品 第三十一 菩薩住處品 第三十二	七會
		差別果		妙覺	佛不思議法品 第三十三 如來十身相海品 第三十四 如來隨好光明功德品 第三十五	
	平等因果周	平等因			普賢行品 第三十六	
		平等果			如來出現品 第三十七	
托法進修成行分 (行)	成行因果周			二千行門	離世間品 第三十八	八會
依人證入成德分 (證)	證入因果周			證果法門	入法界品 第三十九	九會

(資料：文殊經典研究會)

會場	放光別	會主	入定別	說法別舉
菩提場	遮那放齒光眉間光	普賢菩薩為會主	入毘盧藏身三昧	如來依正法
普光明殿	世尊放兩足輪光	文殊菩薩為會主	此會不入定，信未入位故	十信法
忉利天宮	世尊放兩足指光	法慧菩薩為會主	入無量方便三昧	十住法門
夜摩天宮	如來放兩足趺光	功德林菩薩為會主	入菩薩善思惟三昧	十行法門
兜率天宮	如來放兩膝輪光	金剛幢菩薩為會主	入菩薩智光三昧	十廻向法門
他化天宮	如來放眉間毫相光	金剛藏菩薩為會主	入菩薩大智慧光明三昧	十地法門
再會普光明殿	如來放眉間口光	如來為會主	入剎那際三昧	等妙覺法門
三會普光明殿	此會佛不放光，表行依法依解光故	普賢菩薩為會主	入佛華莊嚴三昧	二千行門
祇陀園林	放眉間白毫光	如來善友為會主	入獅子頻申三昧	果法門

如天 無比

1943년 영덕에서 출생하였다. 1958년 출가하여 덕흥사, 불국사, 범어사를 거쳐 1964년 해인사 강원을 졸업하고 동국역경연수원에서 수학하였다. 10여 년 선원생활을 하고 1976년 탄허 스님에게 화엄경을 수학하고 전법, 이후 통도사 강주, 범어사 강주, 은해사 승가대학원장, 대한불교조계종 교육원장, 동국역경원장, 동화사 한문불전승가대학 원장 등을 역임하였다.

2018년 5월에는 수행력과 지도력을 갖춘 승랍 40년 이상 되는 스님에게 품서되는 대종사 법계를 받았다. 현재 부산 문수선원 문수경전연구회에서 150여 명의 스님과 300여 명의 재가 신도들에게 화엄경을 강의하고 있다. 또한 다음 카페 '염화실'(http://cafe.daum.net/yumhwasil)을 통해 '모든 사람을 부처님으로 받들어 섬김으로써 이 땅에 평화와 행복을 가져오게 한다.'는 인불사상人佛思想을 펼치고 있다.

저서로 『무비 스님의 유마경 강설』(전 3권), 『대방광불화엄경 실마리』, 『무비 스님의 왕복서 강설』, 『무비 스님이 풀어 쓴 김시습의 법성게 선해』, 『법화경 법문』, 『신금강경 강의』, 『직지 강설』(전 2권), 『법화경 강의』(전 2권), 『신심명 강의』, 『임제록 강설』, 『대승찬 강설』, 『당신은 부처님』, 『사람이 부처님이다』, 『이것이 간화선이다』, 『무비 스님과 함께하는 불교공부』, 『무비 스님의 증도가 강의』, 『일곱 번의 작별인사』, 무비 스님이 가려 뽑은 명구 100선 시리즈(전 4권) 등이 있고 편찬하고 번역한 책으로 『화엄경(한글)』(전 10권), 『화엄경(한문)』(전 4권), 『금강경 오가해』 등이 있다.

대방광불화엄경 강설 제70권

| 초판 1쇄 발행_ 2017년 10월 13일
| 초판 3쇄 발행_ 2025년 6월 25일

| 지은이_ 여천 무비(如天 無比)
| 펴낸이_ 오세룡
| 편집_ 박성화 손미숙 윤예지 정연주
| 기획_ 곽은영
| 디자인_ 고혜정 김효선 최지혜
| 홍보 마케팅_ 정성진
| 펴낸곳_ 담앤북스
   서울특별시 종로구 새문안로3길 23 경희궁의 아침 4단지 805호
   대표전화 02)765-1250(편집부) 02)765-1251(영업부) 전자우편 dhamenbooks@naver.com
   출판등록 제300-2011-115호
| ISBN   979-11-6201-012-9 04220

정가 14,000원

ⓒ 무비스님 2017